USEFUL BOOK OF BLUEBERRY

鉢で育てるブルーベリー

～植えつけから摘み取りまで～

Tamada Takato
玉田 孝人

創森社

小スペースで鉢植えを楽しむ

ヘルシー果実を鉢で育て、愛でて味わう～序に代えて～

ブルーベリー樹は、1～2年生樹でも花や果実をつけます。花や葉、果実は観賞性に優れています。また果実は小粒で、アントシアニン色素に富むヘルシー果実です。このような数々の特徴に加え、樹が低木で管理しやすいことから、家庭果樹として広く親しまれています。しかし残念ながら、樹を健全に育て、花や葉、果実のもつ魅力を十分に堪能されていない方が意外に多いようです。

家庭果樹としての育て方、楽しみ方には、大きくは庭植え栽培（庭栽培）と鉢植え栽培（コンテナ、プランターを含む鉢栽培）の二つがあり、それぞれに特徴があります。関連して、多数の栽培指導書が出版されていますが、そのほとんどは庭植え栽培についてであり、もう一つの育て方である鉢植え栽培を中心とした栽培書は少数です。

本書は、著者の体験に基づいて編纂した、家庭で育てるブルーベリーの鉢植え栽培の手引書です。だれでも比較的容易に取り組める鉢植えで、植えつけ1年目から開花・結実させ、多年にわたり、おいしい果実を収穫できる育て方、花や葉を愛でる楽しみ、果実の健康効果の紹介に力点を置いています。

＊

本書は全体で五つの章と付章からなり、内容は、大きく三つの分野に分けられます。

分野の一つは、ブルーベリーの鉢植え栽培の基本についての解説で、第1章～第4章で取り上げています。第1章では樹と果実の特性、鉢植え栽培の特徴を整理し、第2章では

成熟果（ノーザンハイブッシュ）

鉢植えで育てるタイプ、品種選定の目安、品種特性を要約しています。続いての第3章では、植えつけから果実の収穫までの、季節を問わず行うべき重要な周年管理（作業）、樹形を整える仕立て方（剪定）とその実例、植え替えについて説明しています。第4章では、まず鉢植え樹の成長周期と栽培管理暦を示し、つぎに季節の進行に併せて変化する樹の成長状態とその季節に行うべき管理（作業）について概説しています。

分野の二つ目は、風味を楽しむために収穫した（摘み取った）ブルーベリー果実の特徴的な成分と健康効果についてであり、第5章で紹介しています。

三つ目は、付章の知っておきたいブルーベリーの基礎知識で、栽培管理および育てて楽しむ対象である葉、花や果実など樹の各種器官の形態的特徴と、日本におけるブルーベリー栽培の歩みについて、簡単に述べています。

＊

本書が、多くの方々にとって、ブルーベリーを家庭果樹として鉢植えで育てる強い動機づけになり、また育てるうえでのさまざまな疑問を解く手引書、参考書になることを願っています。加えて、ブルーベリー果実の栄養と健康効果について再認識され、生果でも冷凍果でも、また加工品であっても、日常の食生活のなかで摂取する愛好者、リピーターになっていただければまことにうれしく存じます。

さらには、実際にブルーベリーを鉢植えで育て、四季折々の樹の成長を楽しみ、甘ずっぱい果実の風味を味わい、果実の健康効果を享受して、健康で楽しい日常生活を過ごしていただければこれに勝る喜びはありません。

玉田　孝人

鉢で育てるブルーベリー ～植えつけから摘み取りまで～●もくじ

淡黄色の開花

紅色の開花

果実の肥大

完熟果

秋の紅葉

生果の盛りつけ

MEMO

●栽培は主に関東南部、関西平野部を基準にしています。生育はタイプ（種類）や品種、地域、気候、栽培管理法などによって違ってきます
●ブルーベリーのタイプ（種類）名は一部を除き、フルネームを略しています（例＝ノーザンハイブッシュブルーベリー↓ノーザンハイブッシュ、またはＮＨｂ）
●年号は西暦で表記しています
●付章などで登場する方々の敬称を略しています
●書名は『鉢で育てるブルーベリー』ですが、鉢はここでは素焼き鉢、陶器鉢、プラスチック製鉢、木製鉢はもちろん、一般にコンテナ、プランターなどといわれる園芸用容器の総称としています

第１章

ブルーベリーの特性と鉢植え栽培

ブルーベリーのコンテナ植え

ブルーベリーにはたくさんの魅力があります。樹高は低く、多幹性（叢生）ですから管理が容易です。１～２年生の苗木でも花や果実をつけます。また花や葉、果実は観賞性に優れています。完熟果は小粒で、さわやかな風味があり、丸ごと食べられます。さらにアントシアニン色素に富むヘルシー果実です。そのうえ、無農薬栽培が可能です。

この章では、まずブルーベリーの特性を樹と果実に分けて要約します。つぎに、鉢植え栽培の特徴点と育てて楽しめる要点を整理します。

ブルーベリー樹と果実の特性

ブルーベリーは他の果樹と比較して、樹の特性や栽培できる地域が異なり、花や果実の観賞性、さらに果実の形質や風味などの特性も大きく異なります。

ブルーベリー樹の特性

図１－１　タイプ（種類）と栽培適地

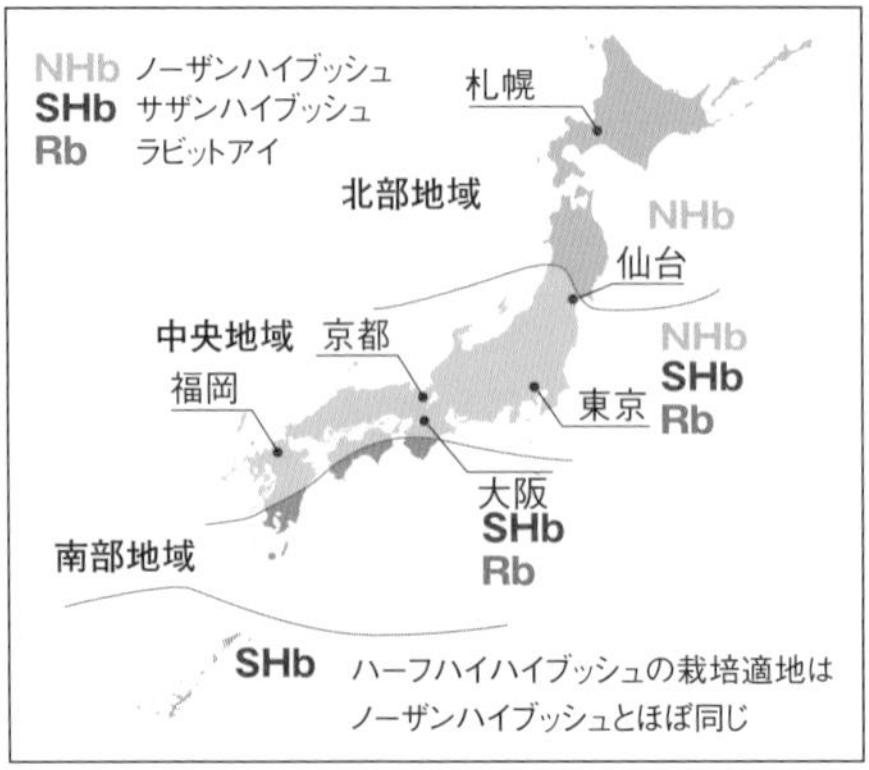

全国どこでも栽培できる

日本列島は、アジア大陸の東縁に、北東から南西にわたって長く弧状に延びています。そのため、季節は春・夏・秋・冬の四つに分けられ、また、気温の推移は列島の北と南とでは異なり、栽培できる作物にも違いがあります。

ブルーベリーには、休眠打破に必要な低温要求量および耐寒性から区分されたタイプ（種類）があり、そのタイプの下にたくさんの品種があります。このため、タイプと品種を選択すれば、全国各地で、普通栽培や庭植えはもちろん、鉢植えでも楽しむことができます（**図１－１**）。

樹は成木でも低樹高、多幹性

低木で叢生

ブルーベリー樹は、成木でも樹高が１～２・５mと小形で低木です。また、株元（根冠）から勢いのある主軸枝や強い発育枝が、旧枝からは多数の徒長枝が伸長し、さらには地中をはって吸枝（サッカー）が発生するため、樹形は叢生（多幹性）になります。通常、落葉性です。

主軸枝の更新が必要

ブルーベリーの主軸枝は、古くなると枝の勢力が衰え、主軸枝から発生する新梢の伸長が弱まり、良品質果実の収穫が難しくなります。

このため、伸長後5～6年経過した主軸枝を計画的に剪定し、勢いのある発育枝（主軸枝になる枝）を発生させる管理が必要です。

苗木は挿し木苗である

一般的に、多くの果樹苗木は、根に相当する台木に、果実の収穫を目的とする品種の穂を接ぎ木した、いわゆる接ぎ木苗です。そのため、水分や養分を吸収する根と、光合成を営み果実をつける地上部とは異なる個体です。

ブルーベリーの苗木は、通常、挿し木苗（多くは、枝の一部を挿し木床に挿し、不定根と不定芽を分化させて独立した個体）です。このため、根と葉、花や果実をつける樹体は同一個体です。

結実までの期間が短い

1～2年生苗木を植えつけてから、初めて開花・結実する樹齢を結果年齢といいます。結果年齢は果樹の種類、品種によってほぼ定まっています。ブルーベリーは結果年齢が早く、苗木でも花芽をつけ、開花・結実します。

繊維根で根毛を欠き、浅根性

ブルーベリーの根は、深根性で直根や根毛がある高木性果樹と異なり、繊維根（ひげ根）で、直根や根毛を欠きます。そのため、根の伸長範囲が狭く

新梢の伸長が盛ん

成熟果（ハーフハイハイブッシュ）

根は繊維根（ひげ根）で直根や根毛がない

て浅くなり、土壌の乾燥（水分不足）に敏感に反応します。

好酸性で好アンモニア性植物

ブルーベリーは代表的な好酸性植物ですから、樹の成長は、pH（水素イオン濃度の表示法で、数値が中性のpH7より小さい場合は酸性、大きい場合はアルカリ性を示す）4・3〜5・3の強酸性土壌で優れます。また、硝酸態窒素よりもアンモニア態窒素を好むアンモニア性植物です。このため、ブルーベリー樹に施用する肥料の種類や施肥法は、他の果樹と大きく異なります。

収穫果

果実の特徴

成熟期は夏の3か月

ブルーベリーは夏の果物ですが、成熟期（収穫期）は、地域、タイプや品種によって異なります。一般的に、日本では暖地の南部地域から始まり、次第に北部地域に移行します。

成熟期間は、同一地域内で見ると、例えば、関東南部（東京や千葉）で極《ごく》早生《わせ》品種から極晩生《ごくおくて》品種まで組み合わせて育てた場合、6月上旬〜9月上旬まで3か月にも及びます。

一品種の成熟期間は、通常、3〜4週間です。

果実を一粒ずつ摘み取る

樹上で完熟

果実は、収穫後、デンプンが糖化して糖度が高まることはなく、樹上でのみ完熟します。この特性が、樹上のおいしいブルーベリーを、自分の手で直接摘み取って食べられる観光農園の高い人気につながり、また家庭で育てる魅力の一つになっています。

小粒で、丸ごと食べられる

果実は、平均して1〜5円玉の大きさで、比較的果皮が軟らかく、種子も小さくて滑らかです。このため、果皮をむいたり、果芯部（種子）を除いたりすることなく、丸ごと食べられます。したがって、果実のもつ栄養成分、機能性成分のすべてを摂取することができます。

ソフト果実

ブルーベリーはソフト果実といわれるように、完熟果は、果皮、果肉ともに比較的軟らかく、傷つきやすい（ベリー類のうちでは硬い）のが特徴です。また果皮は果粉（ブルーム）で覆

小粒で丸ごと賞味できる

われています。

このため、収穫時および収穫後においてもできるだけ果皮を傷つけず、果粉を落とさないよう注意して取り扱う必要があります。

糖・酸が調和した果実の風味

成熟した果実は、糖と酸が調和したさわやかな風味を呈します。また、成熟果には喉越《のどご》しにほのかな香りがあります。

ブルーベリー果実の加工品にはたくさんの種類がありますが、それは、生

果実はジャムの逸材

果のほのかな香りが加工することでより強まり、製品を特徴づけることにもよるとされています。

果実の利用・用途が広い

果実は、主として生果のまま、あるいはいったん冷凍貯蔵してから食されますが、ジャムやジュース、ワイン、酢などの各種製品に加工されるなど、用途の広いのが特徴です。さらに、菓子類や料理の素材としても広く使われています。

ブルーベリー果実の利用で特筆すべき点は、冷凍果実は、そのまま食す以外に、生果の場合と同様に各種製品に加工できることです。これは、冷凍および解凍の段階でも組織や構造に損失を生じにくいことによるものです。

果皮色はアントシアニン色素

ブルーベリーの果皮色は、通常、明青色、青色、暗青色などと表現されま

すが、その色素はいずれもアントシアニン色素によるものです。

アントシアニン色素は、健康機能性物質といわれるポリフェノールの一種であり、生活習慣病の予防効果が優れていることはよく知られています。

豊富な栄養成分と機能性成分

ブルーベリーは、ミネラル、ビタミン類、食物繊維を多く含んでいます。また、生活習慣病の予防効果が高い、いわゆる抗酸化作用の強いポリフェノール類（機能性成分で、濃い青色に象徴されるアントシアニン色素など）を多く含んでいます。これらの栄養成分と機能性成分を多く含有していることが、ブルーベリーがヘルシー果実と呼ばれているゆえんです。

一方、日常の食生活のなかで糖質の過剰摂取が問題となっていますが、ブルーベリーは糖質含量が少なく、カロリーの低いことでも知られています。

ブルーベリーの鉢植え栽培の特徴

鉢植え栽培は、1～2年生の苗木を、培養土（用土）を詰めた鉢に植えつけ、数鉢から数十鉢を自宅の庭などに置いて、数年間育てる方法です。

鉢植え栽培の特徴

ブルーベリーの鉢植え栽培は、つぎのような点で普通栽培や庭植え栽培と異なります。

プランターで育てるブルーベリー

灌水と施肥管理が重要

鉢植え栽培では根域が鉢内に限られるため、根の成長は、庭植えよりも、土壌（鉢土壌）水分や養分（肥料成分）の多少に敏感に反応します。したがって、鉢植えでは灌水（水やり）と施肥管理が最も重要です。

土壌表面の管理は行わない

ブルーベリー樹は、繊維根で浅根性です。そのため普通栽培や庭植え栽培では、根の健全な成長を促すために、土壌侵食の防止、土壌水分の蒸発防止、有機物の補給、地温の調節、雑草防除などの効果がある有機物マルチによる、土壌表面の被覆が不可欠です。

しかし、鉢植え栽培では、成長期間中の毎日の灌水、地上部の成長に合わ

鉢植え樹でも果実を１年目から実らせることができる

根の成長は鉢内にとどまる

せて行う鉢の移動などの点から、通常、土壌表面の管理は行いません。

根の伸長範囲が限定される

鉢植えでは、根の伸長する範囲（根域）が鉢内に限られます。一般的に、根の成長と地上部（枝葉）の成長とは相関関係にありますから、伸長する枝の数、枝の長さや太さなどは、鉢の大きさ（根の成長量）に左右されます。

2年に1度、大鉢に植え替え

植えつけ後および植え替え（鉢替え）後、1～2年間同じ鉢で育ててい

１年じゅう灌水を欠かせない

ると、根は鉢の中でいっぱいに伸長して張り詰め、いわゆる根鉢《ねばち》が形成されます。

また、根が鉢の底孔から張り出すようになる根詰まりを起こします。その結果、養水分の吸収が劣り、根はもちろん枝葉の成長も悪くなります。

この根鉢の形成や根詰まりの状態を解消し、継続して樹の成長を促すために、少なくても2年に1度、一回りサイズの大きい鉢に植え替えることが重要です。

鉢を移動できる

鉢植え栽培の特徴の一つは、鉢を移動できることです。鉢の置き場所として望ましいのは、庭に一定の広さがあり、日当たりがよく、灌水に便利な所です。

鉢の置き場所は、樹の大きさ、樹の成長時期や管理の都合に合わせて移動します。例えば、落葉している休眠期

には鉢の間隔を狭めてもよく、一方、新梢伸長が盛んな成長期（4～10月）には、葉による光合成を促進し、風通しをよくするために、隣接樹の枝葉が重ならないように鉢を移動し、鉢の間隔を広くとります。

樹形の大小を重視する

ブルーベリーを鉢植えで育てる楽しみは、なんといっても大粒で風味のよい果実を収穫することですから、品種選定では果実品質を優先することはもちろんです。そのうえで、限られた庭の面積で、できるだけ多くの鉢植え樹を育てるためには、樹形が極度に大きくならない品種が適しています。

陶製の化粧鉢植え

一般に、樹形の小さい品種は、樹勢が弱位から中位で枝葉の成長量が限られるため、あまり樹間（鉢の間隔）をとらず、鉢の移動も容易にできます。

栽培可能な樹齢が不明である

鉢植え栽培の場合、樹齢と樹冠の大きさとの関係、樹齢と根の成長との関係、樹齢と果実収量との関係などについての資料がほとんどなく、植えつけ以後、鉢植えで育てられる可能な樹齢についても明らかではありません。

著者の経験から、初年に2生生苗木を植えつけ、2年ごとに1～2号ずつ大きい鉢に植え替えて10～12号鉢までに育てた場合、栽培可能な樹齢は10年以上であると推測されます。

関連して、ブルーベリー樹の一生は、普通栽培の場合、①幼木期（苗木の植えつけ後2～3年間）、②若木期（植えつけ後3～5年の間）、③成木期（植えつけ後6～7年以降20～25年まで）、④老木期（植えつけ後26年以降）の4段階に分けられます。したがって、鉢植えで育てる10年間は、普通栽培では結実させない幼木期から、樹形の骨格をつくる段階の若木期を経て成木期の初期に相当します。

鉢植え栽培の魅力

前述したように、ブルーベリー樹は低木で、育てやすい果樹です。果実は栄養成分や健康機能性成分を豊富に含んでいます。

このようなブルーベリー樹を、家庭果樹として鉢植えで育てることによって、たくさんの楽しみを味わうことができます。

身近で育てる楽しみ

鉢植え樹を育てるにあたっては、苗木、鉢、用土などの準備が必要です。

図１－２　鉢で育てて楽しむ

身近で育て
愛でて味わう

大鉢植えの苗木が紅葉

花色を楽しむ。紅花（左）と白花

この準備段階で、苗木が成長して花を咲かせ、明青色の果実を実らせている樹の姿を想像するのも楽しみの一つでしょう（**図１－２**）。

苗木を植えつけてからは、毎年、季節の変化と樹の成長周期に合わせて灌水、施肥、除草、剪定、病害や虫害の対策などの管理作業が必要です。これらの諸管理を通して、すなわちブルーベリー樹の健全な成長を手助けする作業をすることによって、小さかった苗木の成長する姿にいっそう感動するはずです。

自然に優しくできる喜び

鉢植え樹は、諸管理が行き届きやすいため、雑草防除、病害や虫害の対策のために化学農薬を使用しない、いわゆる安全・安心な育て方で果実を収穫できます。

また、訪花昆虫や庭の他の樹木に飛来する小動物にたいしても害を及ぼすことがない、自然に優しい育て方が可能です。

花、果実、紅葉を愛でる

数鉢でも鉢植えを育てることによって、春には美しく可憐な花を愛で、夏には緑色から明青色、暗青色になって成熟する果実の成長過程に驚き、秋には鮮やかな紅葉を観賞することができます。

樹に生命の神秘性を感ずる

ブルーベリー樹の成長を観察することで、樹（植物）の生命の神秘を感じます。例えば、秋になって葉を落とし、冬の寒さに耐えて春を待つ枝や花芽には、強い生命力を感じます。

また、花芽分化から果実が成熟するまでの過程について見ると、春に伸長した枝上に、夏から秋にかけて花芽がつき、その花芽が厳しい冬の低温の下でも発育し、翌年の春に開花します。開花後は受粉して結実し、果実の成長段階を経て成熟しますが、これらの過程における形態的変化（生理的にも大きく変化している）は、とても不思議に感じられます。

収穫して風味を味わう

ブルーベリーは樹上でのみ成熟しますから、鉢植えで育てる場合でも、新鮮で大きく、完熟した風味の整ったおいしい果実を直接摘み取って口にほおばり味わうことができます。冷蔵貯蔵すると、生果と同等の風味を1週間以上も楽しむことができます。

甘味《かんみ》の強い品種、酸味のある品種、成熟期の早晩などから、好みの品種を選定して育て、風味の違いを味わえるのも楽しみの一つです。

加工品をつくる楽しみ

ブルーベリーの生果は、家庭用の冷凍庫で長期の貯蔵が可能です。このため、生果と同様に冷凍果実からでもジャムやジュースなどの加工品をつくり、また、クッキングの素材としても有効利用できます。

健康になれる喜び

ブルーベリー樹を健全に育て、おいしい果実を収穫するまでの間、比較的軽い労力と樹の生命を慈しむ心で管理・作業を行い、心の安らぎが得られます。さらに、栄養成分と健康機能性成分の豊富な果実を生産して食べることで、健康の維持・増進への一助となります。

ていねいに摘み取る

プランター植え

収穫したばかりの生果

第2章

ブルーベリーのタイプと品種

成熟果（サザンハイブッシュ）

ブルーベリーには、樹の生態的特徴および成長に好適な気象条件の異なる四つのタイプ（種類）があります。さらに、それぞれのタイプに多数の品種がありますから、品種選定の判断は容易ではありません。

この章では、栽培ブルーベリーのタイプ、樹の生態的特徴、成長に好適な気象および土壌条件の相違を述べ、日本における普通栽培に適した地域名をあげます。つぎに、鉢植え栽培の品種選定の目安を述べ、続いて鉢植えにすすめられる品種の特性を紹介します。

ブルーベリーの種類とタイプ

ブルーベリーの種類

ブルーベリーは、ツツジ科（*Ericaceae*）、スノキ属（*Vaccinium*）、シアノコカス節（*Cyanococcus*）に分類される落葉性の低木果樹です。

種に分類するとハイブッシュブルーベリーとラビットアイブルーベリー、ローブッシュブルーベリーの3種に区分されますが、栽培されているのはハイブッシュとラビットアイの2種です**（図2－1）**。ハイブッシュの系統には三つのグループ（群）があります。

便宜的に栽培ブルーベリーの種類を、ノーザンハイブッシュ（Northern highbush）、サザンハイブッシュ（Southern highbush）、ハーフハイハイブッシュ（Half-high highbush）、ラビットアイ（Rabbiteye）の四つのタイプに区分します**（表2－1）**。

各タイプの特徴を比較し、住んでいる所で鉢植え栽培が可能なタイプを選ぶことをおすすめします。

ローブッシュブルーベリー

ノーザンハイブッシュの成木

図2−1　ブルーベリーの区分──栽培の有無とタイプ

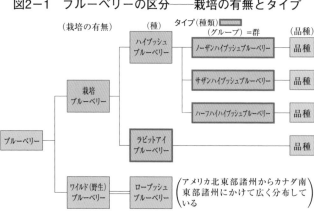

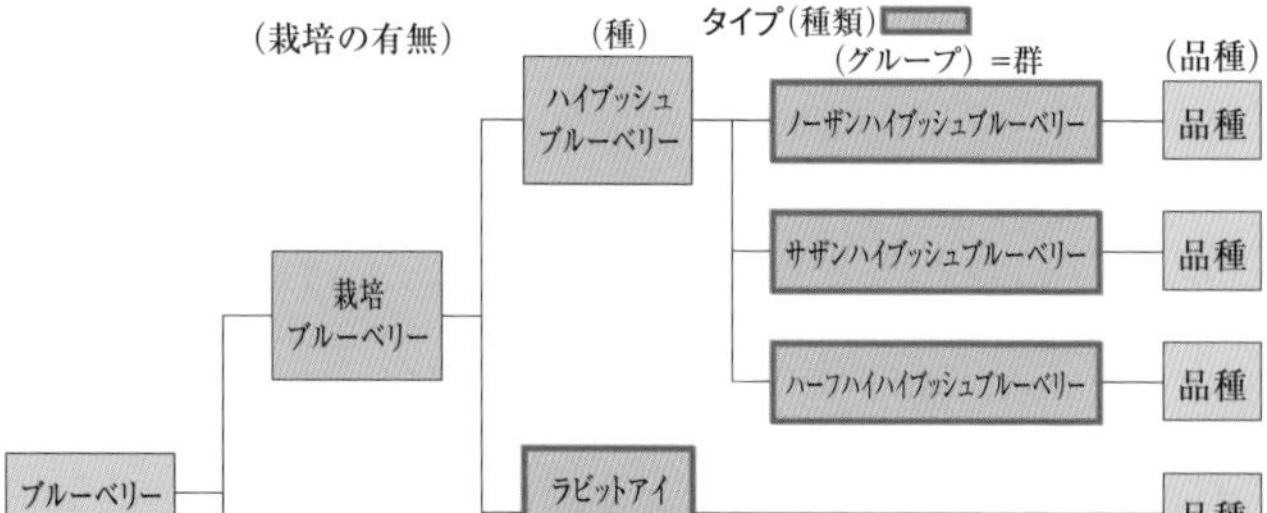

四つのタイプの特徴

ノーザンハイブッシュ

ノーザンハイブッシュは品種改良

表2－1　栽培ブルーベリー4タイプ（種類）の樹と果実

特徴／タイプ（種類）	樹						果実				
	樹形	樹高（m）	樹勢	発育枝　枝の伸長	低温要求性	耐寒性	大きさ	食味	貯蔵性	収量	成熟期
ノーザンハイブッシュ（NHb）	中	1.0～2.0	中	中	多	強	大	優	良	多	6月上旬～7月下旬
サザンハイブッシュ（SHb）	中	1.0～1.5	弱	弱	少	弱	中	優	良	中～少	6月中旬～7月中旬
ハーフハイハイブッシュ（H-Hb）	小	1.0前後	弱	弱	多	強	小	優	良	中～少	6月中旬～7月中旬
ラビットアイ（Rb）	大	1.5～3.0	強	強	中	弱	大～中	優	優	極多	7月中旬～9月上旬
他の果樹との相違点	株元から強い発育枝、地下をはって吸枝が発生してブッシュ（株）状になる　樹形、整枝・剪定法が大きく異なる						収穫期は、ノーザンハイブッシュ、ハーフハイハイブッシュおよびサザンハイブッシュでは主に梅雨期、ラビットアイでは盛夏から晩夏				

（出所）『図解 よくわかるブルーベリー栽培』玉田孝人・福田俊（創森社）

の歴史が最も古く、1920年、アメリカ農務省（USDA）によって初めての交雑品種「パイオニア」が育成されています。

それ以降、アメリカ北東部諸州（冬は低温が比較的厳しく、夏は冷涼な地帯）で栽培できる樹・果実形質ともに優れた品種が100年にわたって数多く育成され、世界のブルーベリー栽培をリードしてきた品種群です。現在でも栽培ブルーベリーの中心をなし、世界現在で栽培されています。

このタイプは、花芽や葉芽が自発休眠から覚醒するために必要な低温要求量（通常、1～7・2℃の低温に遭遇する時間数）が800～1200時間と多く、耐寒性があります。このため、冬の低温が厳しい所（マイナス20℃以下）でも栽培可能です。

成長に好適な土壌は、有機物含量が5～15％の砂質性土壌で、土壌pHは4・3～4・8の強酸性土壌です。また根群域が狭くて浅いため、土壌の乾燥や過湿により敏感に反応します。

日本には、1951年以降、アメリカから多数の品種が導入されてきました。現在では、北海道南部から東北、関東、甲信越、北陸まで、東海や近畿地方の比較的夏季が冷涼な地域、中国山地や九州の標高が少し高い所で栽培されています。

サザンハイブッシュ

このタイプは、１９４８年、アメリカ南部諸州の冬季が温暖な地帯でも栽培できるハイブッシュの品種を育成するという育種計画から生まれました。

サザンハイブッシュには多数の品種がありますが、全体として低温要求量が４００時間以下であり、また、耐寒性が劣ります。このため、厳寒期にマイナス10℃以下になる所では凍害を受ける危険性があります。

サザンハイブッシュは、ノーザンハイブッシュと比較して土壌適応性があります。土壌有機物含量が3～5％でもよく成長し、また成長に好適な土壌pHの範囲が広く、土壌の乾燥や過湿にも比較的強いのが特徴です。

日本には、１９８０年代半ばから導入されています。徐々に普及し、現在では、東北南部から関東、甲信越、東海、近畿、中国、四国、九州、沖縄地方（試作）で栽培されています。

サザンハイブッシュの成木

ハーフハイハイブッシュ

ハーフハイハイブッシュは、１９５４年、冬季の低温がきわめて厳しいアメリカ中西部の北東地域でも栽培できるハイブッシュ品種を育成する計画から生まれました。

このタイプは、耐寒性の強いローブッシュの選抜株とノーザンハイブッシュとの交雑種で、多くの品種は樹高が１m前後、樹冠幅は０・６～１・２mと小形です。そのため、冬の低温がマイナス20℃以下になるような所や積雪量の多い所でも栽培できます。

日本では、北海道から東北北部のノーザンハイブッシュ地帯で栽培されています。

葉の大きさ、葉色、花の形態、紅葉の種類など、観賞性の高い品種が多くあります。そのため、経済栽培のタイプというよりはむしろ〝食べられる観賞果樹〟として評価されています。

ハーフハイハイブッシュの鉢植え

ラビットアイ

ラビットアイは、アメリカ南部の大きな河川沿いや湿原にかけて分布していた野生種の改良種です。

栽培は、１９５０年に交雑品種が発表されて以降、南部諸州の冬季が温暖

ラビットアイの成木

な地帯に急激に普及しました。現在までに、樹および果実形質の優れた品種が数多く育成され、世界各地で栽培されています。

このタイプは、低温要求量が400～800時間であり、耐寒性とともに、ノーザンハイブッシュとサザンハイブッシュの中間の性質です。

土壌条件の面では、ブルーベリーのなかで最も土壌適応性があるため、成長に好適な土壌有機物含量が3％以下の土壌で、また、粘土質含量が15～25％の砂質埴壌土《しょくじょうど》や埴壌土でも栽培できます。さらに、根群が深いので土壌の乾燥に強く、成長に適した土壌pHレベルにも幅がある、いわゆる、育てやすいタイプです。

日本には、1962年に初めて導入されています。現在では、東北南部から関東、北陸、東海、近畿、中国、四国、九州地方で栽培されています。

鉢植え栽培での品種選定の目安

成熟期と形質

成熟期

ブルーベリーの品種は日本で出回っているものだけでも100を超えていますが、選定で最も重視するのは成熟期です。鉢植え栽培の場合も、庭植え栽培同様に成熟期を大きく四つに区分してよいでしょう。

ここでは、関東南部（千葉県）を例にとって区分します。なお、成熟期の区分は、樹の全体収量の20～80％を収穫できた時期としています。

鉢植え樹が成熟期を迎える

早生品種

早生《わせ》品種の成熟期は、6月上旬～中旬。多くはノーザンハイブッシュとサザンハイブッシュの品種。

中生品種

中生《なかて》品種の成熟期は、6月中旬～7月上旬。多くはノーザンハイブッシュとサザンハイブッシュの品種。

晩生品種

晩生《おくて》品種の成熟期は、7月上旬～7下旬。主にノーザンハイブッシュの品種。

極晩生品種

極《ごく》晩生品種の成熟期は、8月上旬～下旬。ほとんどはラビットアイの品種。

樹形の大小と樹勢の強弱

樹形の大小と樹勢の強弱は、管理の難易、果実収量などと関係していて、成熟期に次いで重視する形質です。

樹形は、樹冠全体の形を指し、樹の大きさを表します。樹形はタイプや品種によって異なり、通常、大・中・小の三つに区分されています。樹勢は、新梢伸長の強弱（新梢の発生数や長さなど）から判断されます。

一般的に、樹形の大きい品種は樹勢が強く、1樹の果実収量も多くなります。このため、普通栽培では、樹形が大型の品種が選定されます。

しかし、鉢植え栽培では、鉢の置き場所が庭の広さに制約され、また根群の伸長範囲が鉢の大きさに制限されるので、樹形の小さい品種がすすめられます。

庭のスペースを生かした鉢植え樹

果実品質

果実の外観

果実の外観では、果実の大きさ、果皮色、果柄痕《かへいこん》の状態（大小、乾湿の程度、収穫後、果実から水分が蒸発し、また裂果の原因やカビの発生源となって品質の劣化をもたらす）などが重要です。

一般的に、果実は大きくて、果皮色は明青色、果柄痕は小さくて乾く品種が選定されています。

小さな樹形の鉢植え樹

食味（風味）

食味（風味。食べたときの全体的な感覚）には、果実の糖・酸の含量、糖と酸の比率、香り、肉質（歯切れ、舌触り）などが含まれます。

多くの場合、糖度が高く、歯切れのよい肉質の品種が選定されています。

観賞性

ブルーベリーの花や葉、果実は観賞性に優れています。

とくに花や紅葉を愛でたい場合には、花房や小花《しょうか》（一つ一つの花）の着色、形態、紅葉の種類（赤色や黄色に紅葉する品種）などの形質を優先します。しかし、これらの形質は、通常、品種カタログには記載されていません。春か秋、苗木の販売先を訪ねると、展示の苗木から確認できます。

果実の外観

果実の横断面

開花（ラビットアイ）

果実の健康機能性

栄養価と抗酸化物質

ブルーベリーの品種カタログや品種解説書に記載されているのは、主として果実の外観、食味、日持ち性であり、栄養価や健康機能性などの記載はほとんどありません。

栄養価は、果実の糖質、ミネラル（無機成分）やビタミン類、食物繊維の含量を指します。とくに果実の健康効果を意識し、抗酸化物質（成分）を摂取したい場合には、アントシアニン色素の含量の多い暗青色の品種がすすめられます。

真っ赤に紅葉（10 月下旬）

ブルーベリーがヘルシー果実といわれるのは、各種の生活習慣病に予防効果の高い抗酸化物質であるポリフェノール類（とくにアントシアニン色素）を多く含んでいることによります。

果実の大きさと色素含量

通常、アントシアニン色素含量は、果皮色の濃さと果実の大きさから比較できます。

一般論ですが、アントシアニン色素含量は、成熟果の果皮色が黒色に近い品種ほど多く、また、小粒の果実（単位重量当たりの果数が多くなる）が大粒のものよりも多いとされています。本書であげた品種は、多数の品種を用いて比較した研究結果から、果実中の抗酸化作用、全フェノール含量（ポリフェノールが含まれる）、アントシアニン色素含量が多いとされたものです。

鉢植えにすすめられる品種の特性

品種選定で重視する形質としてあげた点などから、鉢植え栽培にすすめられる品種を選定してみます。

四つのタイプから、成熟期（収穫期）の異なる品種を選んで育てた場合、成熟期（収穫期）は、関東南部では6月上旬から始まり8月下旬まで続きます。

ノーザンハイブッシュ　その1

アーリーブルー（NHb・早生）

ハイブッシュ種の品種

ノーザンハイブッシュの品種

アーリーブルー（*Earliblue*）

ノーザンハイブッシュの早生品種。

樹形は大形。樹勢は強い。果実は中～大粒。果形は扁円。果粉が多く、果皮色は明青色。果肉は硬く、果柄痕の状態もよい。わずかに香気がある。やや酸味があり、風味が優れる。

デューク（NHb・早生）

デューク（*Duke*）

ノーザンハイブッシュの早生品種。

樹形は大形。樹勢は旺盛。果実は中粒。果粉が多く、果皮色は青色。果柄痕は小さくて乾く。果肉は硬い。収穫後、独特の香気が出る。全フェノール含量が比較的多く、抗酸化作用の強い品種とされている。

スパータン（スパルタン）（*Spartan*）

ノーザンハイブッシュの中生品種。

樹形は中形。樹勢は中位。果実は極めて大粒。果粉は少ないが、果皮色は明青色。果肉は硬い。果柄痕の状態は中位。風味はとくに優れ、日本人に最も好かれている品種の一つ。

ブルークロップ（*Bluecrop*）

ノーザンハイブッシュの中生品種。

樹形は大形。樹勢は中位。枝がしな

る。果実は中～大粒。果形は円形～扁円形。果粉は多く、果皮色は明青色。果肉は硬い。果柄痕は小さくて乾く。少し酸味はあるがほのかな香りがあり、風味は非常によい。

普通栽培では、ノーザンハイブシュの標準品種とされている。

スパータン（NHb・中生）

レガシー（NHb・中生）

ブルークロップ（NHb・中生）

ブリジッタ（NHb・晩生）

ブルーゴールド（NHb・中生）

ブルーゴールド（*Bluegold*）

ノーザンハイブッシュの中生品種。樹形は小形で、樹勢は強くない。果実は中粒。果形は円形。果皮色は明青色。果肉は硬い。果柄痕は小さくて乾く。風味は非常によい。

レガシー（*Legacy*）

ノーザンハイブッシュの中生品種。樹形は中形。樹勢は旺盛。果実は中粒。果皮色は明青色。果柄痕の状態は優れる。果肉の硬さは中位。風味は優れる。

ブリジッタ（*Brigitta*）

ノーザンハイブッシュの晩生品種。樹形は大形。樹勢は旺盛。果実は中～大粒。果皮色は青色。果柄痕は小さくて乾く。果肉は硬く、パリパリした感じ。糖と酸が調和して風味はよい。アントシアニン色素含量が多く、抗酸化作用が強い。

サザンハイブッシュの品種

ケープフェア（*Cape Fear*）

サザンハイブッシュの早生品種。樹形は小形、樹勢が強い。果実は大粒で、果皮色は明青色。風味はよい。全フェノール、アントシアニン色素を多く含むので抗酸化作用が強い。

ブラッデン（*Bladen*）

サザンハイブッシュの早生品種。樹形は中形。樹姿は直立性で、樹勢が強い。果実は中粒。果皮は暗青色で、着色がそろう。果柄痕の状態、果肉の硬さ、風味はいずれもよい。花色は紅色が濃く、観賞性がある。

サミット（*Summit*）

サザンハイブッシュの中生品種。樹形は中形。樹勢は中位。果実は大粒。果皮色、果柄痕の状態、風味はいずれも秀でる。果肉は硬い。

マグノリア（*Magnolia*）

サザンハイブッシュの中生品種。樹形は中形。樹勢は中位。果実は中～大粒。果皮色、果肉の硬さ、風味はいずれもよい。果柄痕は小さい。

サンシャインブルー（*Sunshine Blue*）

サザンハイブッシュ。主として観賞用。半常緑性。樹形は小形。樹姿は半直立性。樹高は1m以下。果実は中粒。風味は中位。

サザンハイブッシュ

ケープフェア（SHb・早生）

ブラッデン（SHb・早生）

サミット（SHb・中生）

マグノリア（SHb・中生）

サンシャインブルー（SHb・観賞用）

ハーフハイハイブッシュ

トップハット（H-Hb・観賞用）

ノースランド（H-Hb・早生）

ハーフハイハイブッシュの品種

ノースランド（*Northland*）

ハーフハイハイブッシュの早生品種。樹形は小形で、枝梢がよくしなる。果実は小〜中粒。果形は円形。果皮色は中位の青色。果柄痕は小さくて乾く。果肉は硬い。風味はよい。

トップハット（*Tophat*）

ハーフハイハイブッシュ。観賞用品種。樹姿は矮性で球形、広がりは30㎝ほど。果実は中〜大粒で、果皮色は輝く青色。風味は中位。葉は小型で、秋には美しく紅葉する。

ノースカントリー（H-Hb・観賞用）

ノースカントリー（*Northcountry*）

ハーフハイハイブッシュ。観賞用品種。樹高は低く成木でも45〜60㎝で小形。樹勢は中位。果実は小粒で、果皮色は明青色。果肉は軟らかい。風味は甘味があり、ローブッシュに似る。「食べられる観賞果樹」の代表的な種で、葉は、夏の暗緑色から、秋には美しい深紅に変化する。

ラビットアイ種の品種

ラビットアイの品種

ブライトウェル（*Brightwell*）

ラビットアイ。極晩生品種。樹形は大形。樹勢は旺盛。果実は大粒。果形は扁円〜円形。果皮色は明青色、果肉の硬さは良。種子が多い。果柄痕は小さくて乾く。風味は良好。アントシアニン色素含量が多く、抗酸化作用も強い。ラビットアイの標準品種とされている。

モンゴメリー（*Montgomery*）

ラビットアイ。極晩生品種。樹形は大形、樹勢は中位。果実は中～大粒。果皮色はよい。果柄痕の状態はよい。果肉の硬さは中位。香気があり、風味は優れる。

ブライトウェル（Rb・極晩生）

モンゴメリー（Rb・極晩生）

パウダーブルー（Rb・極晩生）

ティフブルー（Rb・極晩生）

ヤドキン（Rb・極晩生）

パウダーブルー（*Powderblue*）

ラビットアイ。極晩生品種。樹形は大形。樹勢は強い。果実は中粒。果皮色は明青色。果柄痕は小さくて乾く。果肉が硬い、風味はよい。

ティフブルー（*Tifblue*）

ラビットアイ。極晩生品種。樹形は大形。樹勢は旺盛。果実は中粒。果形は扁円～円形。果粉が多く、果皮色は非常に明るい青色。果柄痕は小さくて乾く。適熟果の風味は優れるが、果皮全体が青色に着色してから5日以上経たないと強い酸味が残る。全フェノール含量、アントシアニン色素含量が多いため、抗酸化作用も強い。

ヤドキン（*Yadkin*）

ラビットアイ。極晩生品種。樹形は大形。樹勢は中位。果実は中～大粒。果皮色は中位。果柄痕の状態、果実の硬さは秀、香りが高く風味が秀でる。

第３章

植えつけ、育成管理と仕立ての基本

果実肥大期の鉢植え樹

苗木の入手から植えつけの方法について述べ、つぎに植えつけ後、樹を健全に育成管理するために、季節を問わず行うべき周年管理として灌水、施肥、除草のポイントと気象災害、病害・虫害の対策を解説します。

さらに、ブルーベリー樹の特徴である仕立て方（剪定）の基本を取り上げ、樹形、枝の種類、剪定の種類、剪定の対象となる枝、整枝・剪定の効果について説明。植えつけ４年目までの鉢植え樹の剪定の要点について一例を紹介します。最後に、多年にわたって鉢植え栽培を継続するために必要な植え替え（鉢替え）の方法について述べます。

植えつけの準備と植えつけ方

植えつけの準備

植えつけは、通常、苗木を園地や庭に定植する場合を指しますが、本書では、入手した苗木を鉢植え栽培用の鉢に植え替えることを植えつけといいます。鉢植え栽培の場合、2～3年ごとに、一回り大きい鉢に植え替える作業（鉢替え）があり、両者の混同を避けるためです。

ここでは、高齢者でも身体に障害のある人でも（自立した日常生活が営める状態）、無理なく作業ができる簡便な方法を紹介します。

苗木の種類と入手先

市販されている苗木は通常ポット苗で、挿し木繁殖苗を1年間養成した2年生苗で、4～5号鉢に植えられています。一般的に30～50cm前後の樹高で、繁殖時の挿し穂が明瞭で、挿し穂から1～数本の太い枝が伸長しています。さらにその太い枝から、長さが5～15cmの枝が数本伸長し、枝の先端には花芽がついている状態です（**図3－1**）。

また、3年生苗は樹高が50～70cmあ

苗木の育成園

ポット苗

タグ付きの苗

3年生苗（7月上旬。果実がなっている）

図3－1　苗木の入手

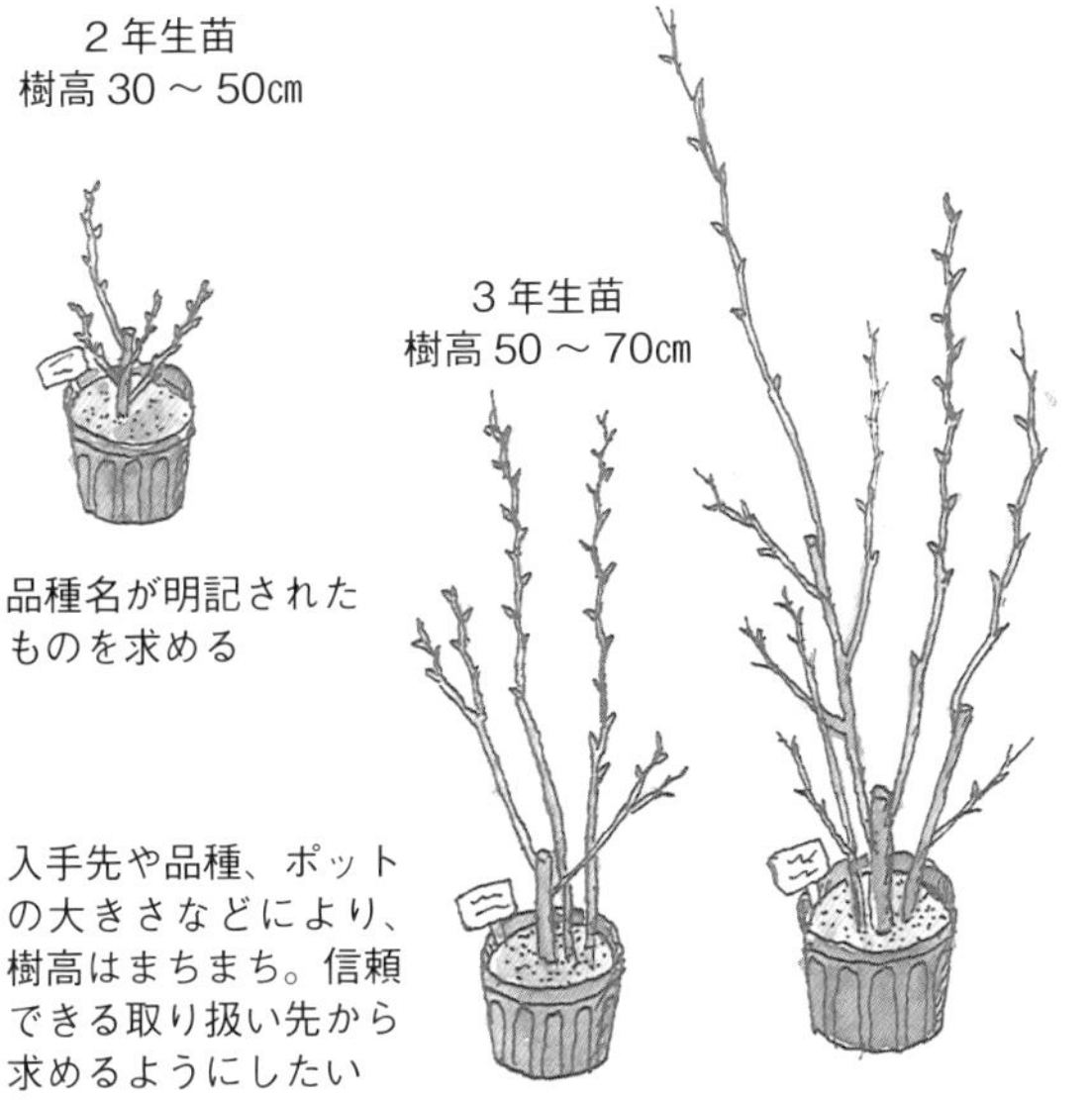
2年生苗
樹高30～50㎝
3年生苗
樹高50～70㎝
品種名が明記されたものを求める
入手先や品種、ポットの大きさなどにより、樹高はまちまち。信頼できる取り扱い先から求めるようにしたい

根元から太い枝が伸長し、根まわりのよいものを選ぶ

り、春先から初夏にかけては花芽がついたり果実がなったりしている大苗が出回っていることもあります。

苗木は苗木業者、種苗会社、ＪＡ（農協）や道の駅などの農産物直売所、園芸店、ホームセンターなどで求められます。

また、インターネットやカタログによる通信販売でもいろいろな種類、樹齢の苗木を購入できます。

落葉前の秋あるいは萌芽前の春に、なるべく販売先を訪ね、枝の長さや太さ、勢い、根の張りぐあいなどを直接、自分の目で確かめて入手することをおすすめします。

2品種以上を入手する

同じタイプ（種類）で互いに受粉できる2品種以上入手します。タイプは18頁の図2－1で示したとおりで、ノーザンハイブッシュ同士、サザンハイブッシュ同士、ラビットアイ同士の品種を組み合わせます。ブルーベリーの多くの品種は、自家結実性が劣る（同一品種の受粉では、結実率が低い）ので、異なる品種を別々の鉢で育て、自然の訪花昆虫による他家受粉を促す必要があるからです。

苗木の選び方

苗木は、品種名が正しいことが第一であり、病気に冒されていたり、害虫が寄生したりしていないことが重要です。そのうえで、できるだけつぎの条件を満たしているものを選びます。

●品種名がラベルやタグ（下げ札）にはっきりと示されている。

●株元（挿し木時の穂木も含む）から、数本の旺盛な枝が伸長している。
●新梢（落葉期には1年生枝）は太くて、長さが10cm以上のものが多数あり、枝の上部節には花芽（丸い形をしている）がついている。できたら鉢から根部を引き抜いて見て、根まわりがよいもの。

鉢の種類と大きさ

鉢には、材質から素焼き鉢や陶器鉢、プラスチック製、木製のものがあり、深さから深鉢と平鉢とがあります。通常「号」と呼ばれる大きさがあります。

ここではコンテナ（容器）、プランターを含めて総称して鉢としていますが、材質などによって保水性、通気・通水性、安定性などが異なります。

ブルーベリーの鉢植え栽培では、樹の成長に合わせて、2～3年に1回、一回り大きい鉢に植え替えるので、鉢はサイズの段階が小刻みにある種類が適しています。

2年生苗の植えつけにすすめられるのは、深鉢で直径21cmの7号鉢のプラスチックポット（ナーセリーコンテナ）です。この鉢は、安価で軽くて持ち運びが容易で保水性がありますが、安定性が弱く、通気・通水性に劣るのが難点とされています。この難点は、鉢床石を入れ、通気・通水性のよい用土を用いることで改善できます。

なお、近年はプラスチック製の果樹用園芸鉢が出回っており、植え替えす

鉢の主な種類

陶製の鉢

素焼きの鉢

プラスチック製の鉢

木製の鉢

表3－1　果樹用園芸鉢の規格

（一例）

規格	サイズ（cm）	容量
#14（10号鉢相当）	30（直径）21（高さ）	約14ℓ
#25（13号鉢相当）	38.5（直径）31（高さ）	約25ℓ
#45（15号鉢相当）	48.0（直径）38（高さ）	約45ℓ
#60（17号鉢相当）	52.1（直径）42（高さ）	約60ℓ
#100（22号鉢相当）	66.0（直径）43（高さ）	約100ℓ

ることを考慮してサイズを段階的に選べるようになっています。参考までに規格例を紹介します（**表３－１**）。ただし、容量が60ℓ以上の17号鉢相当以上になると、一人での移動は難しくなります。

鉢植えの用土

前述したように、ブルーベリーは繊維根（ひげ根）で根毛を欠き、浅根性であり、好酸性植物です。そのため、樹の生育に適した土壌は、通気・通水性と保水性のバランスのとれた、いわゆる土壌物理性がよいうえに、有機物含量が３～５％以上、土壌pHが４・３～５・３の強酸性土壌です。

普通栽培や庭植え栽培では、多くの場合、植えつけ前に植え穴を掘り、掘り上げた土とピートモス（寒冷な湿潤地のミズゴケ類が堆積、分解してできた有機物で保水性に富む）、籾殻を混合して埋め戻し高畝にしてから、すなわち土壌改良してから植えつけられています。

鉢植え栽培の場合、庭植え栽培のような土壌改良の必要はありませんが、用土は保水性と通気・通水性がよく、強酸性のものが必須です。このような条件の用土は、畑土・ピートモス・腐葉土や籾殻などを混合してつくることができます。しかし、それぞれの資材を購入して準備するのはなかなか厳しい作業なので、市販のブルーベリー栽培専用用土の使用がすすめられます。

この専用用土は、多くはピートモスを主体とし、鹿沼土、赤玉土を混合したもので、化成肥料を含み、土壌pHがほぼ５・０に矯正されています。また、保水性、通気・通水性がともに優れています。なにより購入してそのまま使用できますから便利です。

畑土、ピートモスなどの混合土

市販のピートモスと用土

ブルーベリー栽培の専用用土

植えつけの基本

植えつけの時期

植えつけには、適期があります。

適期は、落葉して生理作用（呼吸作用や蒸散作用など）が休止し、また根の水分吸収力が弱まっていて、樹の生

図3－2　苗木の植えつけ方パターン

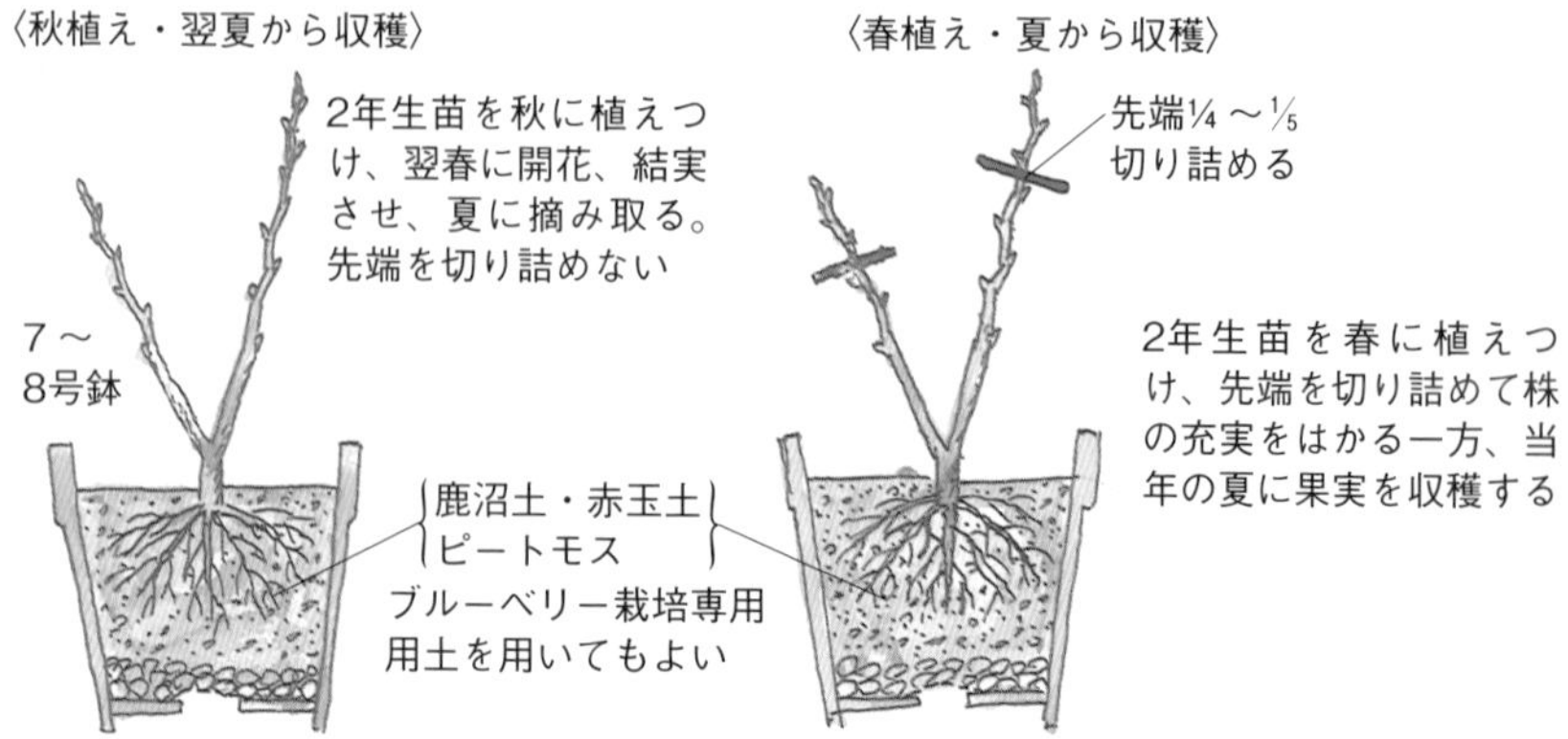
〈秋植え・翌夏から収穫〉
2年生苗を秋に植えつけ、翌春に開花、結実させ、夏に摘み取る。先端を切り詰めない
7～8号鉢
鹿沼土・赤玉土
ピートモス
ブルーベリー栽培専用用土を用いてもよい
〈春植え・夏から収穫〉
先端1/4～1/5切り詰める
2年生苗を春に植えつけ、先端を切り詰めて株の充実をはかる一方、当年の夏に果実を収穫する

育が停止しているように見える休眠期間中（冬）です。そのため、この時期の植えつけであれば、根が切断されても植え傷み（生育が悪くなったり、枯れたりする）が少なくなります。

通常、植えつけには秋植えと春植えがあり（**図3－2**）、どちらが適しているかは地域によって異なります。

秋植え

休眠期に入った紅葉期の後半から落葉期の初期の期間に植えつけるもので、冬が比較的温暖な地方に適しています（関東南部では11月後半から12月中旬がよい）。秋植えは一般的に根の活着が早く（新しい鉢用土になじむ）、新根の発生がよいとされています。

木製ボックスへの植えつけ例

春植え

春植えは、冬の低温が厳しく、土壌が凍結する寒冷地や積雪が少なく乾燥する地域に適しています。すなわち、春植えは、植え傷みの危険性が少なくなった時期に行う植えつけで、関東南部では3月上旬～中旬がすすめられま

植えつけ1か月後の状態

す。春植えでは、根が活着する前に開花が始まり、新梢が伸長しますから、新根の発生は、秋植えと比較して少し遅れるように観察されます。

植えつけのポイント

①根をほぐす

②鉢中央に苗を据える

③根と鉢の間全体に土を詰める

④たっぷり灌水をする

植えつけの一例

ここでは、苗木を購入して鉢植え用の鉢に植えつけ、開花させて花を愛で、結実させ、収穫して果実の風味を味わっている事例を紹介します。

枝の上位節に花芽が着生している5号鉢の2年生苗木を、7号鉢のプラスチックポットに植えつける場合です。まず、苗木、鉢、用土、鉢床石、移植ごて、剪定ばさみがそろっているか確認します。植えつけは、つぎのような手順で行います。

❶苗木には植えつけ前日、十分に灌水しておきます。

❷鉢土壌の排水性をよくするため、鉢床石（または1～2㎝大に砕いた瓦《かわら》の小片）を、鉢の底部に1～2㎝の厚さに敷きます。

❸ブルーベリー栽培専用用土を鉢の深さの3分の1ほどまで詰めます。中央部の土は、少し盛り上げます。

❹苗木は、鉢を軽くたたきながらていねいに根部を引き抜き、雑草の根を取り除きます（一般的に、雑草の根は白いので、ブルーベリーの根と区別し

やすい)。

❺根鉢(根とそのまわりについている土を含めていう)の底部を根鉢の長さの10分の2くらいほぐし、中心部の土をかき出します。旧根は傷みますが、むしろ新根の発生が盛んになります。

❻用土を詰めておいた鉢の中央に、苗木の根を広げて置き、鉢の上面から2〜2・5cm下の位置(灌水のために必要)まで、根と鉢の間全体に、用土が行き届くように詰めます。

❼水が鉢底から流れ出すほどたっぷり灌水して、植えつけは終了です。

もし、植えつけたときに傷めた枝があったら、その枝は切除します。なお、苗木を支える支柱はしなくてもよいでしょう。

鉢の置き場所は、日当たりがよく、灌水に便利で、併せて排水処理に問題がない所とします。隣接する鉢の間隔は、相互の樹の枝が重なり合わない距離とします

周年行うべき育成管理

樹の健全な育成のために

まず、ブルーベリー樹の健全な育成管理の視点から、樹の生理と栽培管理技術との関連を整理し、つぎに鉢植え栽培で周年行うべき灌水、施肥、除草のポイントをあげます。

樹の生理と栽培管理技術

各種の栽培管理技術は、樹体の生理に働きかけ、器官や組織の機能を最大限にするための手段です。ここで参考としてあげた技術は、普通栽培の成木樹の場合のものです。

光合成活動の効率を高め、最大限にする技術

剪定、摘花芽、摘花(果)房、灌水、施肥など。

果実の結実、成長(肥大)をよくする技術

受粉、摘花芽、摘花(果)房、灌水、施肥など。

栄養成長と生殖成長とのバランスをとり、併せて養分を芽や花、果実に集中させる技術

剪定、摘花芽、摘花(果)房など。

なお、栄養成長とは枝や葉の成長をいい、生殖成長とは花芽の着生、開花、結実、果実の肥大にかかわる成長

肥大中の果実(5月下旬)

をいいます。

樹（とくに根）が適度に成長し、健全に機能する環境をつくる技術

土壌改良、有機物マルチ、施肥、灌水、除草、中耕・深耕など。

樹と果実の健全な成長を守る技術

気象災害対策、病害・虫害対策、鳥獣害対策など。

灌水と施肥、除草

灌水のポイント

土壌の乾燥（水分不足）を防ぎ、枝葉や根の健全な伸長を促すため、灌水を行います。

水は、植物体中で最も多い構成物です。ブルーベリー樹の水分含量は、器官別に、枝（主軸枝や徒長枝、旧枝）では重量の70％、葉は90％以上、果実は85％です。

このため、水分不足によって根の吸水作用の減少、葉の蒸散《じょうさん》（樹体内の水が水蒸気として体外に排出される）作用の減退、光合成《こうごうせい》活動の制限、呼吸作用の抑制など、各種の生理的機能が大きな影響を受けます。その結果、樹の健全な成長が阻害されます。

鉢植え栽培では土壌がとくに乾燥しやすいので、灌水管理は最も重要な周年管理です。

灌水で枝葉や根の伸長を促す

灌水の方法

鉢植え栽培の灌水は、庭植え栽培と同様に一鉢ずつじょうろの水をかけたり、水源からひいたホースで散水したりします。

近年は便利な自動灌水装置が市販されています。これは蛇口に設置し、ゴムホースなどを取り付けて延ばし、鉢に差し込んでタイマーで作動させるものです。

灌水の間隔と灌水量

灌水の間隔と灌水量は、土壌の乾燥程度（一般的に、土壌表面の渇き具合から判断）、季節、樹の成長量によって異なります。

通常、夏の成長期間中は（梅雨期間を除いて）、晴天の日には1日に1回、ときには2回灌水します。1回当たりの灌水量は、鉢の容量の10～20％くらいとします。曇天の日が続いた場合や梅雨期間中は、2～3日間隔の灌水で十分です。

灌水する時間は、朝8時ごろまでとします。しかし、新梢の上部葉に萎《しお》れが見られた場合には、日中でも灌水します。また、収穫期間中は、その日の収穫を終えた後での灌水が好ましく、収穫前に灌水すると果実が水っぽくなるとされています。

冬の間、降水量が少なくなり、また降水のない日が何日も続きます。葉は落葉していても根は活動しているので、乾燥が続いたら、7～10日に1度は灌水します。

よく見られる水分不足症状

夏の成長期に鉢土壌の乾燥が進むと、樹体内の水分不足により、まず新梢の上部の葉に、続いて枝に萎れ症状が発現します。さらに乾燥が続くと果実が萎縮します。果実が萎縮した段階では、ラビットアイでは灌水によって症状の回復が見られますが、ハイブッシュでは手遅れで枝まで枯死してしまいます。

日中、新梢上部が萎れる

灌水１時間後には回復する

施肥のポイント

ブルーベリー樹は、成長に必要な栄養分のほとんどすべてを土壌から吸収しています。しかし、土壌中の養分量だけでは不足するため、樹の1年の成長周期に合わせて、時期を調節しながら肥料を量的に補充します。

鉢植え樹は、根の伸長範囲が鉢内に限られているため、土壌養分（肥料分）の過不足に敏感に反応します。施肥は、灌水とともに、鉢植え栽培では最も重要な周年管理です。

ブルーベリー樹の栄養特性

ブルーベリー樹の栄養特性は、三つに要約されます。

一つは樹の成長が酸性土壌で優れる好酸性植物であること。二つ目は樹の成長が硝酸態窒素よりもアンモニア態窒素で優れる、いわゆる好アンモニア性植物であることです。そして三つ目は、各種の葉中無機成分の濃度が他の果樹と比較して低いことです。

このような栄養特性から、施用する肥料の種類と施用量が限定されます。

鉢植え栽培にすすめられる肥料

鉢植え栽培の肥料としては、アンモニア態窒素を含む普通化成肥料（N‐P‐Kが8‐8‐8のもの）、尿素入り緩効性肥料のIB化成、ブルーベリー専用肥料などがすすめられます。これらは、多量要素のN（窒素）、P（リン）、K（カリウム）を含む粒状（または固形）肥料です。

施肥量の目安

施肥量は、鉢の大きさに合わせて1鉢に5～14gとします。7号鉢では1回当たり5～6gが標準です。

肥料は、水によって徐々に溶け出して肥効を現します。肥効は3～4週間続くので、施肥は3月中旬～下旬（お彼岸前後）から9月中旬（果実の収穫後）まで、定期的に月に1回の割合で行います（**表3‐2**）。

ちなみに、3月中旬、花房がついている枝を切り取り、花瓶に挿して室内で観察したところ、4月中旬には開花し、新梢は4～8葉まで伸長が見られました。この現象は、春の開花と初期の新梢伸長が枝内の貯蔵養分に依存していることを示唆しています。

粒状肥料を施す（追肥）

固形肥料

鉢植え栽培専用肥料の例

表3－2　植えつけ年（鉢の大きさ）と施肥量の目安

植えつけ年（鉢の大きさ）	1回の施肥量（g）	年間の施肥量（g）	施肥時期
1～2年（7号鉢）	5～6	30～36	いずれの植えつけ年でも、3月中旬～下旬から9月中旬まで、定期的に月に1回、合計6～7回施す
3～4年（9号鉢）	8～10	48～60	
5～6年（10号鉢）	12～14	72～84	
7年以上（12号鉢）	14	84	

（注）1）アンモニア態窒素を含む普通化成肥料（N－P－Kが8－8－8のもの）
2）鉢植えの施肥では、灌水による肥料成分の流亡を考慮する必要がある
3）鉢植え樹では根群の範囲が鉢内に限られるため、施肥量が多過ぎると肥料成分の濃度が急激に高まり、樹体に過剰障害の出るおそれがある

鉢植え樹でよく見られる鉄欠乏症

とくにラビットアイでは、新梢伸長が盛んな時期に、枝の上部葉に主脈や側脈は緑色のままで葉脈間に明るい黄色からブロンズ色を呈する鉄（Fe）欠乏症が、発現します。用土の絶対的な鉄含量の不足よりも、葉内の高いpHや高濃度のPやカルシウム（Ca）などが原因です。改善策は、酸性肥料を施用して土壌や葉内のpHレベルを下げる方法が一般的です。鉄欠乏症状が見られる鉢（樹）に、硫酸アンモニアを少量（1鉢に2gくらい）施すと、数日内に症状の改善が見られます。

鉄欠乏症が発生（6月中旬）

除草のポイント

雑草が問題なのは、雑草の根とブルーベリーの根との間に養水分の競合が起こり、また雑草が病害虫の寄主となり、病原菌の繁殖場所となることによります。

鉢植え栽培での筆者の経験からですが、比較的多い雑草は春には、カタバミ、シバの類、ハコベ、ハルジオン、オニタビラコなど、夏にはコニシキソウ、カタバミ、スベリヒユ、ドクダミなどです。秋には、イヌビエ、シバの類、コニシキソウがめだちます。

鉢植えの場合、とくに夏の成長期には、水分と肥料分が十分にあるので、雑草は驚くほど早く繁茂します。

除草は、雑草が若いうちに、手で抜き取ると効率的で、除草効果もあります。夏の成長期間中は、何回も除草する必要があります。

気象災害と病害・虫害の対策

気象災害の対策

鉢植え樹は多くの場合、戸外で育てられているので、1年を通して樹の健全な成長に望ましくない高温や低温、多雨や干天、強風などにさらされています。

晩霜害

霜害で褐色になり、萎れる

ある限界温度以下の低温によって発生する作物の被害を低温障害といい、冬季の寒害（凍害）、霜害、寒風害などが含まれます。ブルーベリーで被害が認められるのは晩霜害です。

晩霜の時期は、地域により、また年により異なります。関東南部では、晩霜は4月中旬〜5月上旬ごろです。この時期は、開花期間中（一部は結実初期）であり、耐凍性が急激に失われているため、開花した花や結実初期の幼果は0℃でも枯死します。

被害を受けた花や幼果は、褐色になって萎れ、やがて落下するので、果実収量は少なくなります。しかし、鉢植え樹でも1樹の開花期間が2〜3週間にも及ぶため、1回程度の晩霜害によって、結実がゼロ、収量がゼロという状況には至りません。

晩霜害の対策は、鉢植え栽培はもちろん、庭植えや普通栽培でも特別とられていません。

乾燥害

水分不足になると枝や葉、果実が成長不良となり、極端な場合には樹が枯死します。これが乾燥害です。

鉢植え樹は、根域が鉢内に限られているので、土壌の乾燥に敏感に反応します。灌水管理が重要です。

台風で新梢の葉が落ちる

水分不足で萎れる

雪害

積雪は地域性があります。積雪量が１ｍを超えるような地帯では、冬の到来前に丈夫な支柱に、枝を縄で縛りつける冬囲いが行われています。

鉢植え栽培では、樹形が比較的小形な品種を育て、樹高を１ｍ前後に抑えるよう剪定しているので、とくに雪害対策はとられていません。

防風ネット（目合い４㎜）

強風害

適度の風は、風通しをよくして光合成活動を促進し、また病害虫の発生を少なくする効果がありますが、強風は樹体の各部に物理的な被害をもたらします。

ブルーベリーの鉢植え樹では、成長に伴って枝葉の繁茂が進み、樹冠が大きくなるので、季節風や台風による強い風で鉢ごと倒伏しやすくなります。倒伏によって枝葉や果実に土（泥）がついたり、枝が折れたり、落葉、落果も見られます。

強風害対策は、鉢の置き場所全体を防風ネットで囲む方法が最も効果的です。しかし、場所の制約から防風ネットの設置が困難な場合が多いと思われます。そのような場合は強風予報（とくに台風）が出たら、あらかじめ鉢底

灰色カビ病の症状

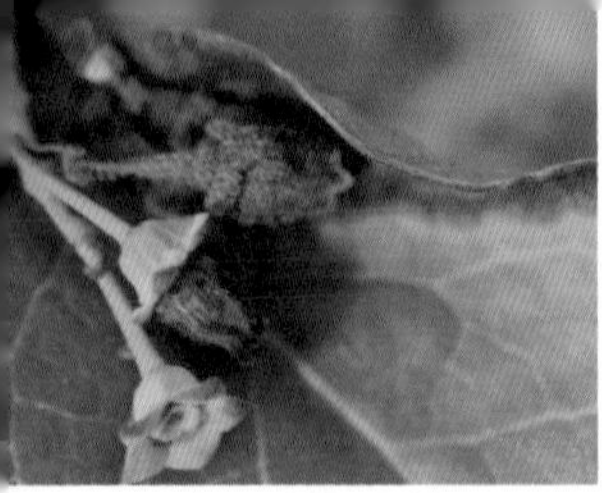
灰色カビ病の症状

灰色カビ病に感染した果実

を風上の方向に向けて横倒しにしておくと、被害を軽減できます。

強風がやんだ後、鉢を起こして地上部全体に水をかけて枝葉や果実に付着した土を洗い落とします。折れた枝は、剪定ばさみで切除します。台風シーズンには、このようなことを数回繰り返すこともあります。

病害・虫害の対策

ブルーベリーの葉、枝、花、果実、根などの諸器官は周年、予期せぬ病気や害虫の被害を受けています。しかし、数樹から数十樹を育てる鉢植え栽培では、病害や虫害対策のために農薬を散布しないことが大原則です。

灌水時などに枝、葉、果実の状態をよく観察して、病気や害虫被害の早期発見に努め、被害を見つけたら被害部全体を除去（物理的方法）することで被害の拡大を防ぎ、もしくは被害の程度を軽くすることができます。

主な病害の症状と対策

鉢植え樹では比較的病害は少ないのですが、開花期間中に曇天が続き、空中湿度が高い状態の場合に灰色カビ病が発生します。

灰色カビ病

灰色カビ病菌がつぼみや花、果実、葉、若い枝に感染することによって発生する病気です。花や果実が灰色の菌糸で覆われたり、葉が褐色になって湾曲したりします。

防除対策として有効なのが、適切な剪定によって通気をよくし、樹体の湿度を適切に保つことです。症状が現れた花、葉、果実を取り除きます。

枝枯れ病

病原菌はウメ、ナシ、ブドウなどの枝枯れ病と同属。新梢に感染し、感染後1～2週間のうちに枝上に小さな赤い部分をつくって枯れていきます。枯死した枝のまま越冬し、春先から初夏の間に胞子を出して感染します。

わりあい温暖な地域で被害が発生しますが、防除対策として適切な剪定を行ったり枯れ枝を取り除いたりして、風通しをよくすることが重要です。

主な虫害の症状と対策

害虫では、ハマキムシ類（春から初夏にかけて、葉を巻いたり、二つ折りにしたりする）、ケムシ類（多種のケムシ類の幼虫による葉の食害）、ミノガ＝ミノムシ類（幼虫が、4月ごろから葉や果実を食害）、コガネムシ類の成虫（5～9月にかけて葉や果実を食害）などが見られます。

害虫と虫害の症状

カイガラムシ

ミノムシ

ハマキムシ

イラガの幼虫（老齢）

コガネムシの成虫による葉の食害

ハマキムシの被害

産卵中のマイマイガ

コガネムシの幼虫による根の食害

ケムシ

また、カイガラムシ類（1年を通じて発生し、枝に張りついて樹液を吸収する）、イラガ類（夏から秋にかけて発生し、若齢幼虫は葉裏を薄く食べ、中齢幼虫以降は葉全体を食害）、マイマイガ（春先に発生し、幼虫から成虫になるまで葉を食害）などにも注意が必要です。

コガネムシ類の幼虫による被害も見られます。樹の成長が盛んな6〜7月に新梢の伸長が止まり、夏から秋にかけてグラグラしている状態の樹は、多くは幼虫による根の食害です。そのような樹はやがて枯死するので、樹の処分を兼ねて鉢から根を取り出し、幼虫を圧殺（足で踏みつぶす）します。鉢土は庭の片隅に埋め、再度の使用は避けます。

なお、被害葉や枝、果実を切除、害虫を捕殺する場合にはかならず手袋を着用して作業します。

鉢植え樹の仕立ての基本

ブルーベリー樹を多年にわたって鉢植えで育て、おいしい果実を収穫するためには、毎年、樹形を整える整枝・剪定を行う必要があります。

樹形と枝の種類

鉢植え樹の樹姿

中位の樹姿

開張性の樹姿

直立性の樹姿

収穫間近のコンテナ植え樹

ブルーベリー樹の樹形

ブルーベリー樹は低木で多幹性（叢生）です。このため、1本の主幹から主枝、主枝から亜主枝というように枝が分岐して骨格を形成する高木性果樹とは、樹形、枝の種類が異なります。

ここでは、普通栽培の成木の樹形をあげ、枝の種類を示します（**図3－3**）。ブルーベリー樹は、大きくは、地上部（樹冠）、クラウン（根冠）、地下部（根部）に分けられます。

樹形と樹姿

樹形は、地上部全体の大きさを指します。品種によって異なり、大形、中形、小形の三つに分けられます。

樹姿は、通常、休眠期の剪定していない樹を側面から見た樹冠の姿で、直立性（縦径が横径よりも大きい）、開張性（横径が縦径よりも大きい）、中位（斜め上、直立性と開張性の両方を合わせもつ）に分けられます。

樹冠（地上部）

樹冠は、各種の枝が縦と横に伸長して樹（地上部）を形づくっている範囲です。真上から見れば円形ですが、側面から見ると直立、開張、中位（斜め上）に見えます。

樹冠の縦径は樹高であり、樹冠の横幅は樹の直径となります。

クラウン（根冠）

クラウン（根冠）は、根が主軸枝に移行する集合部分です。クラウンの大きさは、一般に樹齢で異なり、幼木で小さく、成木では大きくなります。

根（地下部）
ブルーベリーは代表的な繊維根（ひげ根）の果樹ですから、主根（直根）、主根から出る側根のある高木性果樹とは異なります。栽培上は、根の太さから細根《ほそね》と太根《ふとね》に区分されています。

図3－3　成木の樹形と部位名称

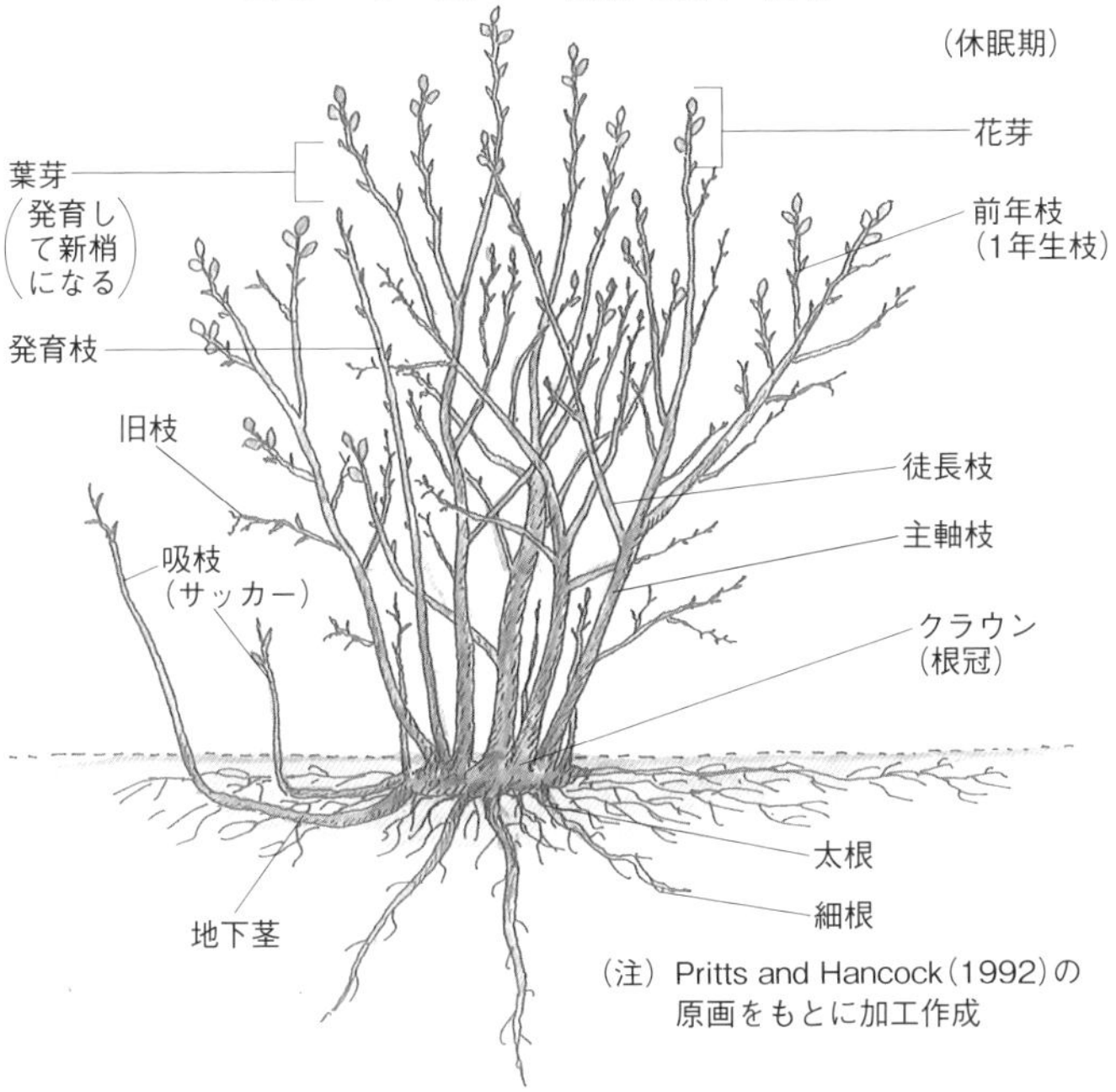

（注）Pritts and Hancock（1992）の原画をもとに加工作成

枝の種類と特徴

ブルーベリー樹には、たくさんの枝の種類があります。

主軸枝　根冠から発生した旺盛な枝で、株の骨格となる中心的な枝。旧枝を伴う。

発育枝　根冠や主軸枝の基部から発生し、将来主軸枝となる枝。

徒長枝　徒長《とちょう》枝《し》は主軸枝と旧枝から伸長する勢いの強い枝。発生位置によっては、主軸枝や旧枝と置き換えることが可能。普通栽培では多くは花芽がつきにくく、樹形を乱し、混み入った枝になることが多い。

旧枝　枝齢が3年以上で直接、花芽をつけない枝。

前年枝（1年生枝）　前年に伸長した枝で、冬の1～2月に観察すると、通常、枝の上部節に花芽をつけている（**図3－4**）。すなわち、果実をつける枝（結果枝）。

新梢（当年枝）　休眠期には見られなく（葉芽として着生）、春になって発芽、伸長してくる枝。新梢は、春、夏、秋に発生します。

吸枝（サッカー）　地表下数cmの深

落葉期の樹枝

図３－４　前年枝（1年生枝）と果実のつけ方

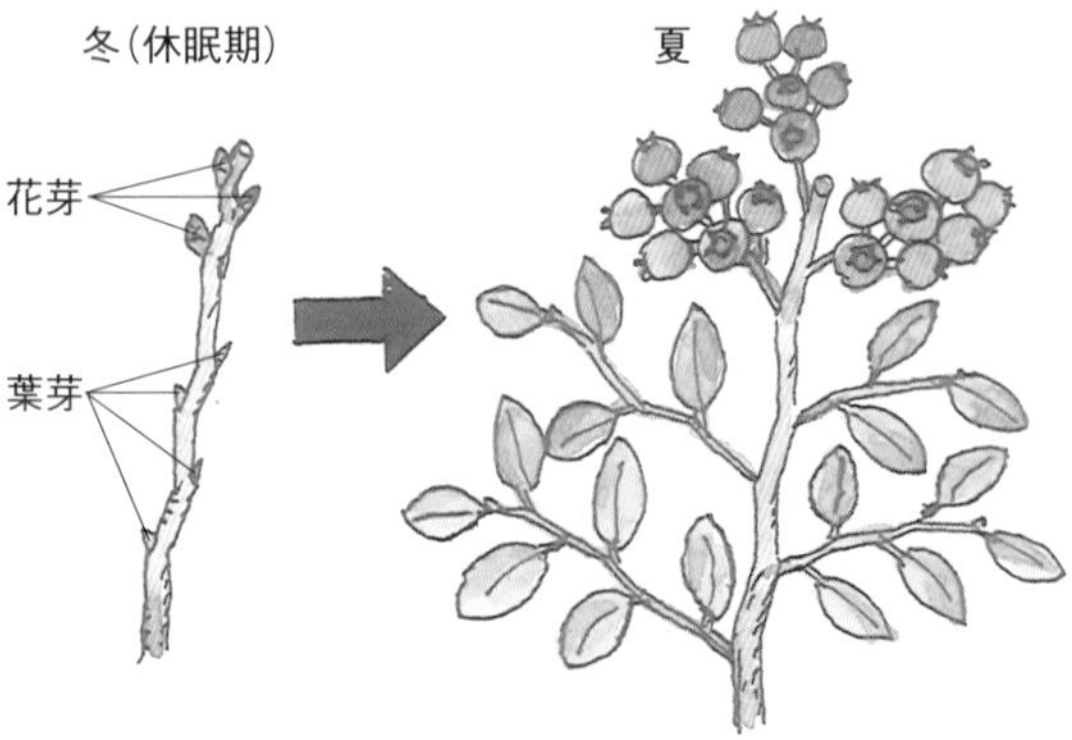

さを横に伸長し、株元から50cm以上も離れたところから地上茎になる枝。

枝の特徴

主軸枝、発育枝、徒長枝や旧枝は、枝齢が5～6年になるとしだいに枝の勢力が弱まります。したがって樹勢も弱まるため、大きくておいしい果実の安定生産は難しくなります。

普通栽培では、樹勢を回復させるために、これらの枝は5～6年ごとに更新剪定されています。すなわち、適切な剪定を行うためには、枝齢と枝の特性を知っておく必要があります。

鉢植え樹の場合、根の成長範囲が鉢内に制限されることから、一般的に、発育枝や徒長枝、吸枝の発生と伸長は、庭植え栽培と比べて抑えられ、少なくなります。

整枝・剪定のポイント

整枝・剪定の意味

整枝

果樹では、長年、果実を効率的に生産するために、本来の樹高よりも低くしたり、種々の樹形や樹姿を形成したりするのが整枝です。整枝は果樹の種類によって異なります。高木性果樹では主幹形、変則主幹形などのモデルとする樹形があります。

ブルーベリーは低木で多幹性（叢生）ですから、基本的な樹形は、株元（根冠）から発生する数本の主軸枝を中心とした株仕立てです。

剪定

整枝は剪定によって維持されますが、一定の樹形目標が必要です。したがって、枝を切ることは樹形をつくることにもなるので、剪定は整枝と一体の技術、いわゆる仕立て方とされています。

剪定の種類

剪定には、切除する枝の位置、時期、その程度（強弱）に応じて種類があります。

切り返し（切り戻し）剪定

枝の途中から切除して新梢の発生を促す剪定で、旧枝や前年枝、徒長枝などが対象です（図３－５）。

間引き剪定

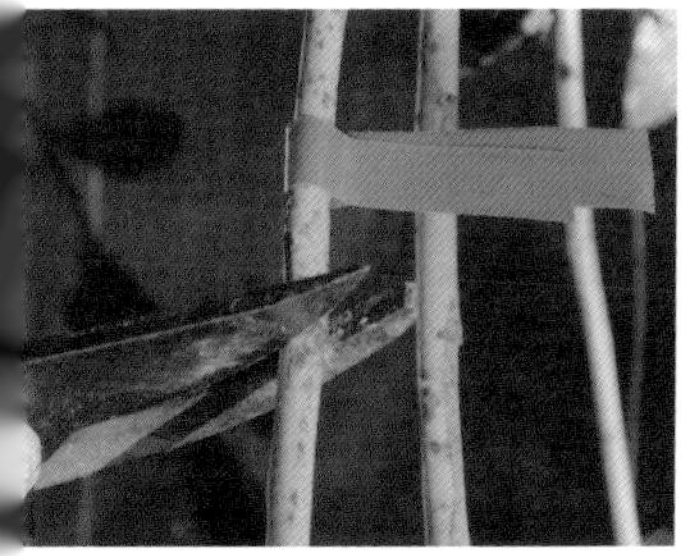

切り返し（切り戻し）剪定

間引き剪定

剪定ばさみなどの剪定道具

図3－5　間引き剪定と切り返し剪定

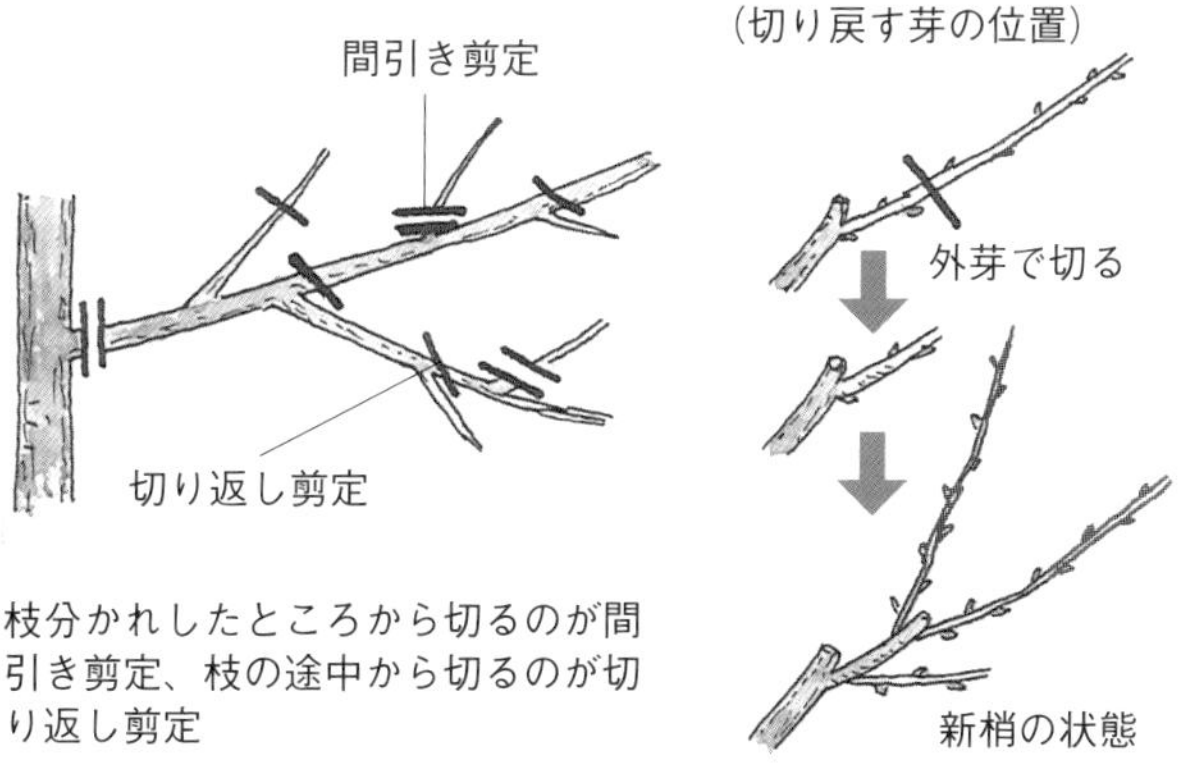

枝分かれしたところから切るのが間引き剪定、枝の途中から切るのが切り返し剪定

枝の発生基部から先の枝全体を切除する方法で、主軸枝の更新、主軸枝上の旧枝、旧枝上の前年枝、徒長枝などを切除する場合に行います。

この場合、枝は切り残しがないように基部から切り落とします。切り残し部分があるとそこから望ましくない新梢が発生し、枝が込み合った状態になります。

冬季剪定

休眠期間中（冬）に行うもので、ブルーベリー栽培では中心となる剪定法です。関東南部では、通常、2月から3月中旬に行います。この時期になると、晩秋までに生産された炭水化物が枝や根に転流し、貯蔵される期間も十分あります。また、秋から冬の間に障害を受けた枝の確認が容易になるからです。

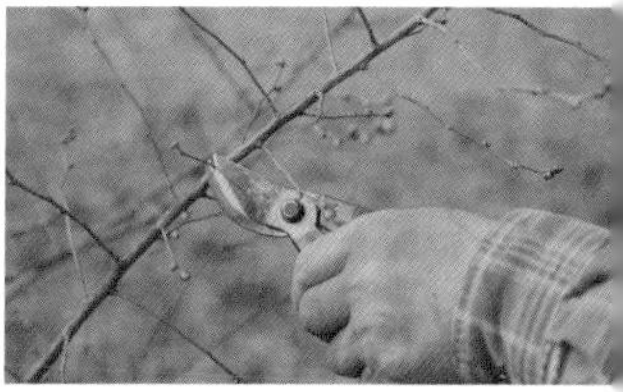

冬季剪定。短い着果枝を切り落とす

夏季に新梢を切り詰める

夏季剪定

夏季剪定は、収穫期が終了した8月下旬から9月上旬（関東南部）に、旺盛に伸長して樹形を乱している徒長枝を切り返す剪定法です。ヘッジング（刈り込み）、トッピング（摘心、心抜き）とも呼ばれます。

夏季剪定は、タイプによって重要性が異なります。樹勢が旺盛で徒長枝の伸長が盛んなラビットアイでは重要で、とくに「ティフブルー」には必要です。しかし、ノーザンハイブッシユ、サザンハイブッシュ、ハーフハイハイブッシュでは、ラビットアイに比べて徒長枝の発生が少なく、また長く伸長しないため、通常、夏季剪定は行いません。

弱剪定

剪定の強弱の程度からの比較で、切除する枝の量が少ない剪定です。切り返し剪定では残る枝の葉芽数が多くなり、間引き剪定では除去する枝が少なくなります。

このため、弱剪定では剪定後も枝が込み合い、弱々しい枝や短い枝の発生が多くなるので、翌年、果実生産の中心となる太くて長い新梢の発生が不足します。

強剪定

切除する枝の量が多い剪定です。弱剪定の場合とは逆に、徒長枝の発生が多くなります。このため、翌年十分な収量をあげるためには、ふたたび強い剪定が必要となります。すなわち、一度強剪定をすると、毎年強剪定しなければなりません。

一般に、強剪定では収量が少なくなり、一果実重は大きくなります。

中位の剪定

切除する枝の量が中位で望ましい剪定の程度です。毎年、果実生産（生殖成長）と新梢伸長（栄養成長）の均衡がとれた状態を維持できます。

剪定の対象となる枝

ブルーベリー樹の剪定では、具体的につぎのような枝を切除します。なお、（ ）内は剪定の時期と種類を指します。

障害を受けた枝も剪定の対象

●病気や害虫の被害枝。季節にかかわらず切除（年間、間引き剪定）

●気象災害で障害を受けた枝。できるだけ早期に切除する（年間、切り返し剪定、間引き剪定）

●開花、結実している枝でも着葉していない枝。摘花（果）房を兼ねて枝の発生基部から切除する（季節、間引き剪定）

●8月下旬になって、1m以上も伸びている徒長枝は、先端部から3分の1の位置で切り返す（夏季剪定、切り返し剪定。とくにラビットアイの「ティフブルー」では必要）。そうすることで、残した枝の上部節や新しく伸長した秋枝に花芽がつき、翌年の春には、強い徒長的な新梢の発生が抑えられる

●鉢の地面につくように下垂している枝（下垂枝）、株元から横に伸長して弱い枝（冬季剪定、間引き剪定）

●弱々しい枝、5cm以下の短い枝（冬季剪定、間引き剪定）

●樹冠内部で交差している枝（交差枝）、重なり合って混雑している枝（冬季剪定、間引き剪定）

●伸長後5～6年経過した主軸枝を更新し、また弱い主軸枝は間引く（冬季剪定）。主軸枝が古くなると枝の勢力が衰え、新梢伸長が弱まり、良品質の果実の収穫が難しくなる

剪定の対象となる枝

弱い枝を基部から切る

枯れた結果枝

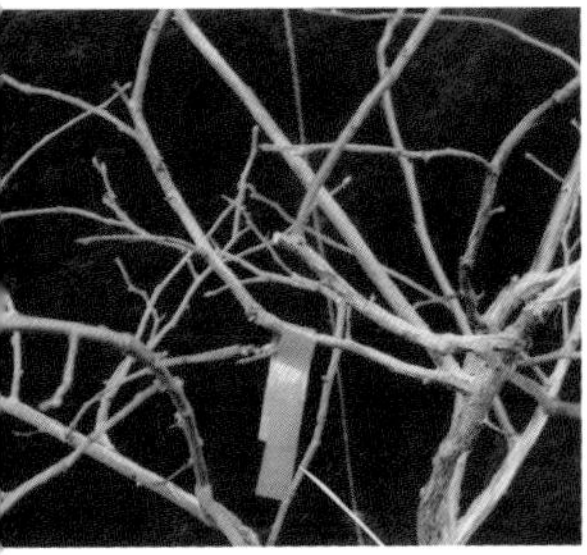

樹冠内で重なり合う枝

弱々しい枝

地面に着くような下垂枝

内向枝

整枝・剪定の効果

ブルーベリーの普通栽培の成木では、整枝・剪定の効果はつぎのように要約されています。

●樹の骨格となる主軸枝の育成をはかりながら、樹冠を一定の大きさに調整できる

●樹冠内部で混雑している枝を切除することで、樹冠の内部にまで日光が投射し、通風がよくなり、病害虫の発生が少なくなる

●結果過多を防止できる。枝の切除によって収量は少なくなるが、1果実重は増す。また、果実の成長と枝葉の養分競合を弱められる

●長年（樹齢25～30年）、栄養成長と生殖成長の均衡を維持して、安定した果実生産をもたらす

鉢植え樹の場合

鉢植え樹は、植えつけ1年目から開花・結実させ、果実を収穫することを楽しみに育てられています。また、育てて楽しむ年数は、庭の広さや鉢の大きさと用土などから、庭植え栽培よりも制限があるでしょう。

鉢植え樹の樹齢別剪定の実際

鉢植え樹の剪定にあたって

植えつけ1年目から花や紅葉、果実の成長を楽しみ、果実を収穫することが目的の鉢植え栽培では、現在のところ、樹齢と樹冠の大きさ、樹齢と果実収量、樹齢と枝の配置などとの関係が明らかではなく、樹形モデルは形成されていません。樹齢別の樹の成長状態、剪定の要点など不明な点が多々あります。

同一方向の枝を切り落とす

ここでは、鉢植え樹の樹形が整うまでに3〜4年かかるという観点から一例として、2年生苗木の植えつけ1年目から4年目以降までの樹の状態、開花・結実と合わせて剪定の要点について、**図3-6**で示しながら剪定（切除）する枝と剪定しない枝とに分けて整理してみます。

樹齢別剪定の例

植えつけ1年目の秋季の状態

植えつけ1年目の剪定

樹の状態

植えつけ1年目の春は、前年の秋植え、当年の春植えともに、4月になって開花し、新梢が伸長し始めます。夏には発育枝や徒長枝が旺盛に伸長し、新梢も多くなって、秋には樹冠が大きくなります。

開花・結実　1年生枝上の花芽（花房）数は苗木のそれと同じですが、摘花（果）房を兼ねた剪定によって花房（果房）数を制限して、着葉している太い枝や旺盛な枝のみに開花・結実させます。

その場合、開花・結実させる花房は5〜10くらいになります。この花房数の場合、小花数は35から70（1花房7花とする）になり、100％結実し、1果実重を2ｇとすると1樹の果実収量は70〜140ｇになります。

開花・結実、果実の収穫は、幼木の

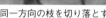

図3－6　樹齢に合わせた剪定例（冬季）

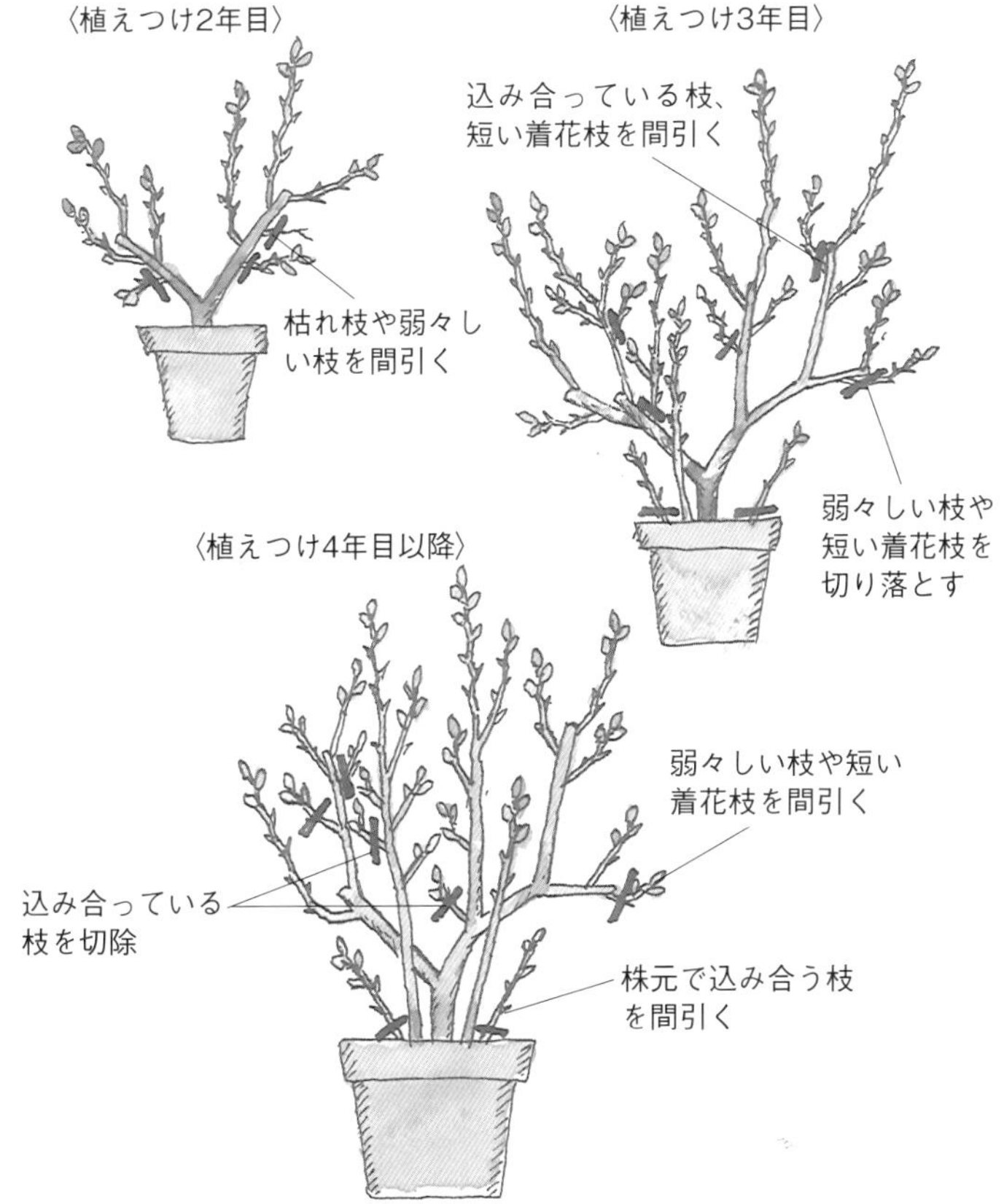
〈植えつけ2年目〉
枯れ枝や弱々しい枝を間引く
〈植えつけ3年目〉
込み合っている枝、短い着花枝を間引く
弱々しい枝や短い着花枝を切り落とす
〈植えつけ4年目以降〉
弱々しい枝や短い着花枝を間引く
込み合っている枝を切除
株元で込み合う枝を間引く

栄養成長を促す点において相当なストレスになっていると考えられます。ちなみに、普通栽培では、幼木期の栄養成長を促すために、植えつけ1年目には花芽はすべて取り去り、開花・結実させません。

剪定する枝　樹齢にかかわらず、鉢植え樹に共通して剪定すべき枝があります。その種類は、①花芽（房）がついていても着葉していない枝（開花時に切除）、②病害や虫害を受けた枝、気象災害による障害枝（見つけしだい切除）、③夏に伸長した下垂枝、弱々しい枝、5cm以下の短い枝（冬季剪定で間引く）などです。

徒長枝の剪定は、ラビットアイ（とくに「ティフブルー」）では重要です。8月下旬に、長さが1m以上もある徒長枝は、樹形の乱れや樹冠内部の混雑を防ぐために、夏季剪定で先端部から30cm前後下部の位置で切り返します。そうすることで、残した徒長枝の

開花していても着葉していない枝を発生基部から切除する

上部節に花芽が着生して、秋の伸長が抑えられます。

　しかし、ノーザンハイブッシュ、サザンハイブッシュ、ハーフハイハイブッシュでは、徒長枝の発生が少なく、また伸長しても長さが１ｍを超えることが少ないため、切り返し剪定は行いません。

剪定しない枝　旺盛に伸長していた発育枝（繁殖時の穂木から伸長）、および2～3年生枝、2～3年生枝から伸長した前年枝（1年生枝）は、樹の成長および開花・結実の基本となる枝ですから、剪定せず大切に育てます。

夏季剪定で切り返した徒長枝に花芽がついている

植えつけ後2年目の剪定

樹の状態　植えつけ1年目によく管理された樹では、1年目に見られた穂（挿し木繁殖時の穂）と、穂から発生した発育枝（苗木から旺盛に伸長した枝）が肥大して主軸枝になります。

　夏の成長期には、発育枝や徒長枝、新梢の伸長が盛んですから、秋の終わりには樹冠がさらに拡大しています。

開花・結実させる枝　多くの場合、前年に伸長した枝の上部節には花芽が着生していますが、開花・結実させる枝は、植えつけ1年目と同じように着葉している長くて太い枝のみとします。

　その場合、花芽（花房）数は10～20となるでしょう。ここで、植えつけ１年目と同様の小花数、結実率、果実重とすると、１樹の果実収量は１４０ｇ～２８０ｇになります。

　関連して、普通栽培では、植えつけ2年目までは、花芽はすべて除去して結実させないことが一般的です。

剪定する枝　鉢植え樹に共通して剪

植えつけ２年目（秋季）

発育枝が肥大し、主軸枝に

望ましい枝（花芽をつけた当年枝）の発生位置と長さ、太さ

定すべき枝は、時期に合わせて切除します。

ラビットアイの場合、8月下旬になり、長さが1m以上の徒長枝は1年目と同様の方法で切り返します。

剪定しない枝　開花・結実、果実の収穫をもたらす2～3年生枝、2～3年生枝から伸長した前年枝（1年生枝）は、剪定せずに大切に育てます。

植えつけ後3年目の剪定

樹の状態　植えつけ後3年目になると、主軸枝の成長とともに2～3年生枝の数が増え、併せて新梢が盛んに伸長するので、秋には樹冠がさらに拡大しています。

開花・結実させる枝　2～3年生枝の増加に合わせて、それらの枝から伸長した花芽をつけている1年生枝も多くなっています。開花・結実させる枝を選別して、花芽（花房）数を20～30とします。

ここで植えつけ1年目と同様の小花数、結実率、果実重として計算すると、果実収量は280～420gとなります。関連して、普通栽培の場合植えつけ3年目の樹では、果実収量は300g以下とするようすすめられています。

剪定する枝　鉢植え樹で剪定すべき枝は、時期に合わせて切除します。

樹形が大きくなると、樹冠内部が混雑してきます。内部で交差している枝、平行している枝は、冬季剪定で間引きます。

ラビットアイで、8月下旬になって長さ1mにも伸長している徒長枝は、夏季剪定で、先端部から30cm前後の長さで切り返します。

剪定しない枝　植えつけ1年目からの主軸枝、枝齢が2～3年生の枝、2～3年生枝から伸長した1年生枝（前年枝）は剪定しません。また、株元（根冠）から発生している発育枝は、次代の主軸枝にするために大切に育てます。

植えつけ後4年目以降の剪定

樹の状態　植えつけ後4年目になると、主軸枝が数本となり（品種、樹勢によって異なる）、また主軸枝から発生する2～3年生枝も多くなって樹冠

剪定の例

強い立ち枝を切り落とす

上部の込み合いをなくす

弱い枝は発生基部から切り落とす

が拡大して、樹高が80~120cm、樹冠幅が80~100cmくらいの樹形になるでしょう。植えつけ5年目以降は、4年目の樹形、樹勢、果実収量を維持したいものです。

開花・結実させる枝　植えつけ4年目になると、2~3年生枝が多くなり、併せて花芽をつけた1年生枝も多くなります。この場合でも、開花・結実させる枝を選別して、花房数は30~40とします。花数、結実率、果実重を植えつけ1年目と同様として計算すると、果実収量は420~560gになります。

剪定する枝　基本的に、鉢植え樹で剪定すべき枝の種類と時期、ラビットアイの徒長枝の扱いは、3年目までと同様とします。また、樹冠内部の交差枝、平行枝は冬季剪定で間引きます。

植えつけ4年目からは、樹勢を保つために、旧枝や主軸枝の剪定を始めます。

旧枝の更新　旧枝は、枝齢が4~5年になったら更新する必要があります。例えば、旧枝の途中から徒長枝が伸長している場合は、徒長枝の発生位置から先の旧枝を切り返し、旧枝と徒長枝を交換させます。

主軸枝の更新　主軸枝は、枝齢が5~6年を過ぎると勢いが弱くなり、併せて主軸枝から発生している旧枝の勢いも弱まり、さらに旧枝から発生する新梢も少なくなります。

主軸枝が2~3本伸長している樹では、冬季剪定で、最も古い主軸枝を鉢表面から10cmの高さで切り返します。そうすると、残した主軸枝から、翌春、強い発育枝が発生します。

植えつけ4年目の樹で、主軸枝が1本の場合は、更新剪定せずにそのまま育てます。

しかし、植えつけ後5年経っても、主軸枝が1本の場合には、冬季剪定で、鉢表面から10cmの高さで切り返し、新しい発育枝の発生を待ちます。この場合、地上部全体が切除されますから、その樹の鉢植え栽培を続けるかどうかの判断が必要になります。好みの品種であったら、株元から発生する発育枝の伸長に期待して、引き続き育てるとよいでしょう。

一方、別の品種に変えた鉢植え栽培もあるでしょう。

剪定しない枝　齢が2~3年生の枝、2~3年生枝から伸長した1年生枝（前年枝）は剪定しません。また、株元（根冠）から発生している発育枝は、次代の主軸枝にするために大切に育てます。

剪定の例

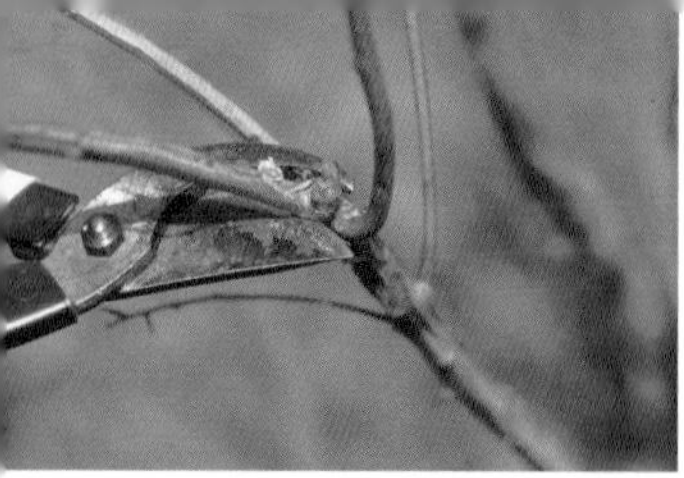

平行枝を切り落とす

前年の結果枝を除去する

植え替え（鉢替え）の実際

植え替えの目的と時期

根詰まりを防ぐために

根を引き抜き、根鉢中心の土をかき出す

通常、1～2年間同じ鉢で育てていると、根は鉢の中でいっぱいに伸長して張り詰め、いわゆる根鉢が形成されます。また、根が底孔から張り出すようになる根詰まりを起こします。このような状態になると水分や養分の吸収が劣り、根の活動が悪くなり、枝葉の成長も悪くなります。

そこで根の不健全な状態を改善し、回復させるために、2～3年に1度を目安に必須作業として鉢の植え替え（鉢替え。鉢増しともいう）を行います。

植え替え期は、秋から初冬（関東南部では落葉期の11～12月）、あるいは春（3月）です。冬が比較的温暖な地方では、根の活着が早く、新根の発生がよいなど植えつけ時と同様の理由で秋の植え替えがすすめられます

植え替えにあたって必要なものは、現在の鉢と同じ形式で一回り大きい鉢、ブルーベリー栽培専用用土など新しい用土、鉢床石、移植ごて、剪定ばさみなどです。

植え替えの手順

図3－7　植え替えのポイント

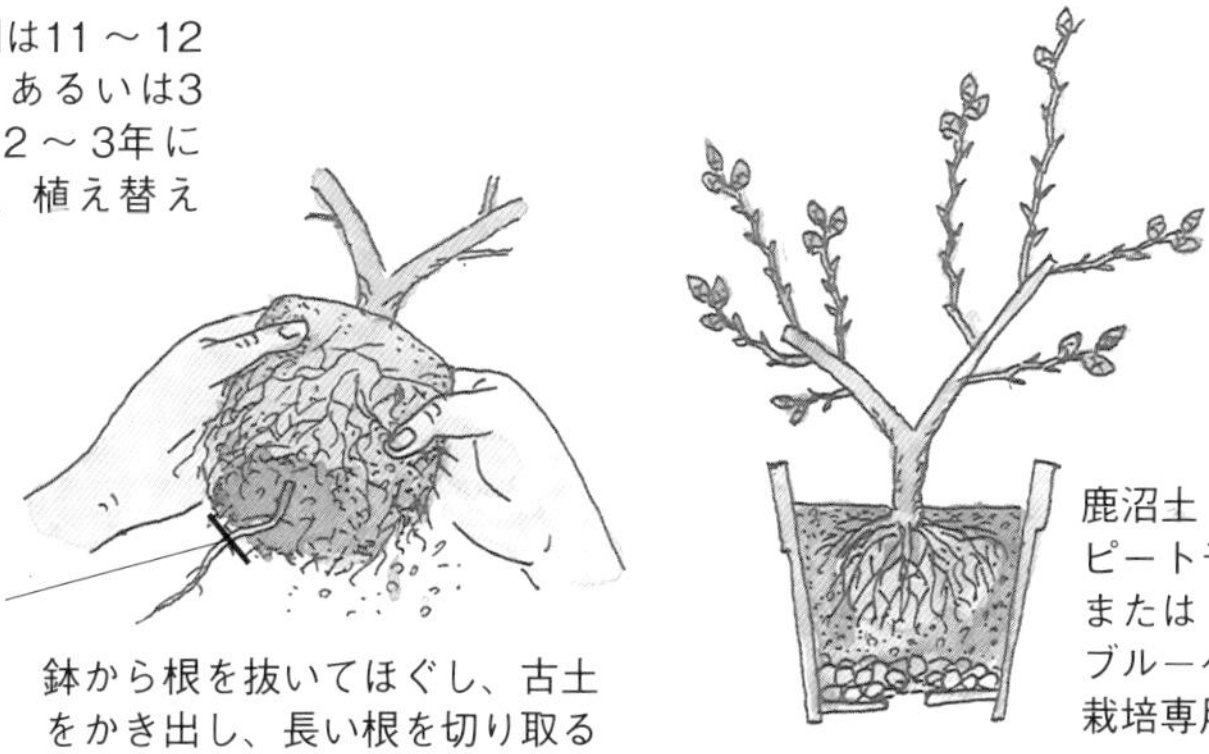
適期は11～12月。あるいは3月。2～3年に1回、植え替える
鉢から根を抜いてほぐし、古土をかき出し、長い根を切り取る
切る
鹿沼土・赤玉土
ピートモス
ブルーベリー
栽培専用用土

植え替えの作業

植え替え作業は、一鉢ずつていねいに行います。ラベルやタグなどをつけておきます。手順はつぎのとおりです(図3-7)。

❶現在の鉢植え樹に、十分に灌水しておきます。

❷一回り大きなサイズの鉢の底部に、ネットや鉢床石(1～2㎝に砕いた瓦の小片)を敷きます。一回りだけ大きなサイズにするのは、根の生育環境を大きく変化させないためです。

❸新しいブルーベリー栽培専用用土を、鉢の深さ5分の1くらいまで詰めます。

❹株元をつかんで鉢を軽くたたき、鉢から根を引き抜きます。

❺根鉢状態であったら、根をほぐし、また根鉢の中心部の土をかき出します。こうすることで、新根の発生、伸長がよくなります。

❻植えつけと同じ要領で、新しい鉢に高さを調節しながら根を据え、新しい用土を入れます。

❼さらに根のまわりに用土を詰め込み、たっぷりと灌水して、植え替え終了です。

植え替えのポイント

①鉢から根を引き抜く

②中心部の土をほぐし、かき出す

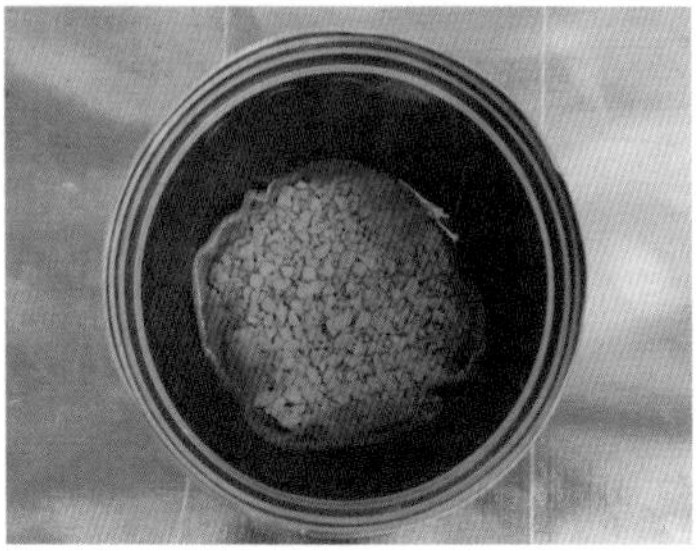
③鉢底にネットや鉢床石を敷く

④新しい用土を詰める

⑤中心部に根を据えて用土を詰め込み、たっぷり灌水する

第４章

生育の状態と季節の栽培管理

開花（サザンハイブッシュ）

鉢植え樹を健全に育て、花や紅葉、果実の成長を愛で、おいしい果実を収穫するためには、周年行うべき栽培管理と合わせて、樹の一年の成長周期と密接に関係する季節的な管理作業を行う必要があります。

この章では、まず鉢植え樹の一年の生育周期と栽培管理暦を示します。続いて１年を四季に分け、季節の気象条件、季節に合わせて変化する樹の生育状態、季節的な管理作業および特徴的な樹の生態についての用語を取り上げ、説明します。

樹の生育と栽培管理暦

ブルーベリー樹の生育と主な管理・作業を**図4－1**に示しましたが、ひとまず季節ごとに概観します。

春になってしだいに気温が上がってくると、花芽は膨らみ、萌芽して開花します。開花後、受粉、受精が順調に進むと結実します。

夏になると果実の肥大・成熟が進み、収穫期が過ぎると、やがて樹は翌年の成長のために必要な準備を開始し、枝や根に光合成産物を蓄えます。

秋季には紅葉し、落葉して芽は休眠期に移行。冬を迎え、樹の休眠は深くなり、厳しい低温に耐えます。

成長周期と主な管理・作業

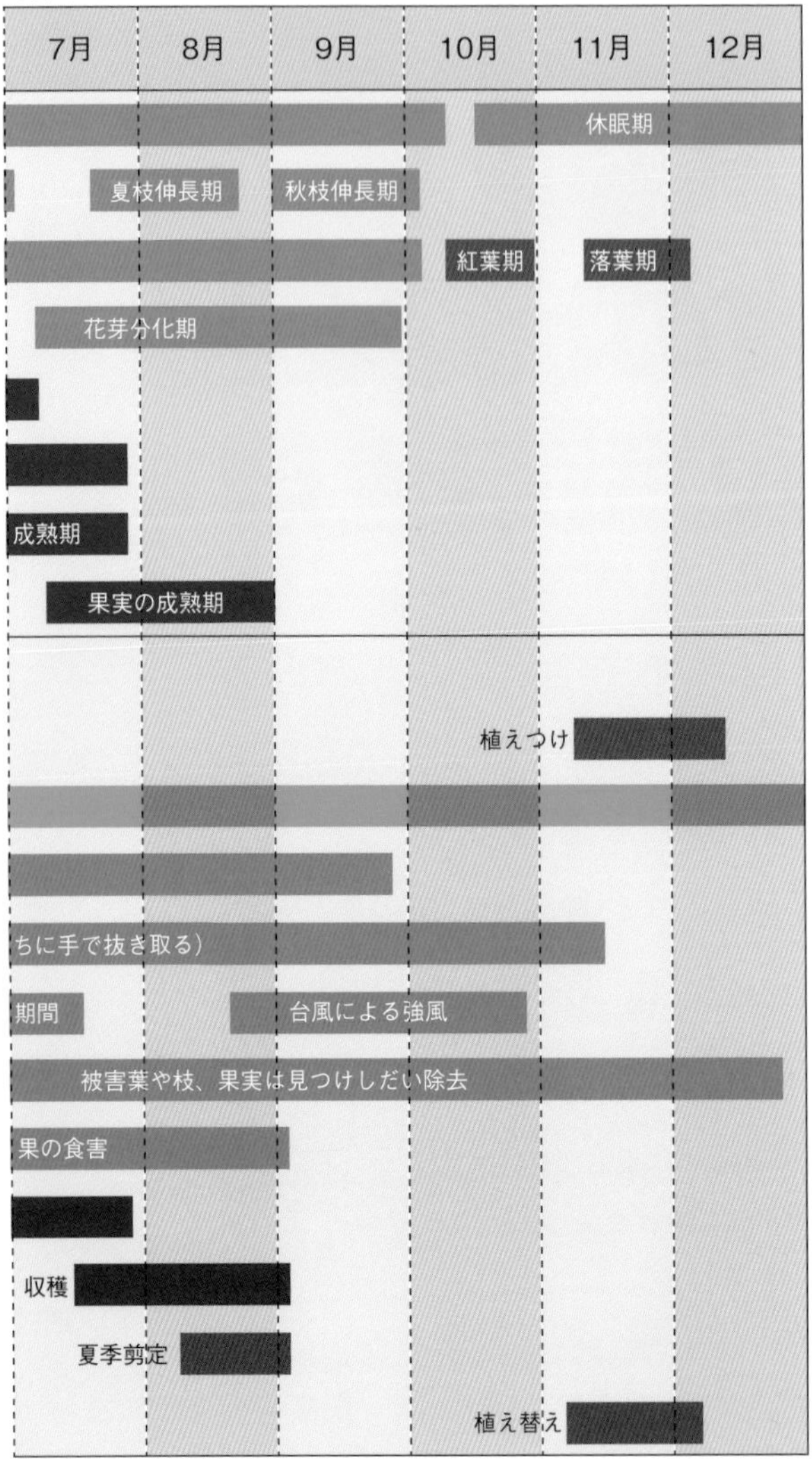

25.8	27.4	23.8	18.5	13.3	8.7
154	168	210	198	93	51

図4－1　鉢植えブルーベリー樹の

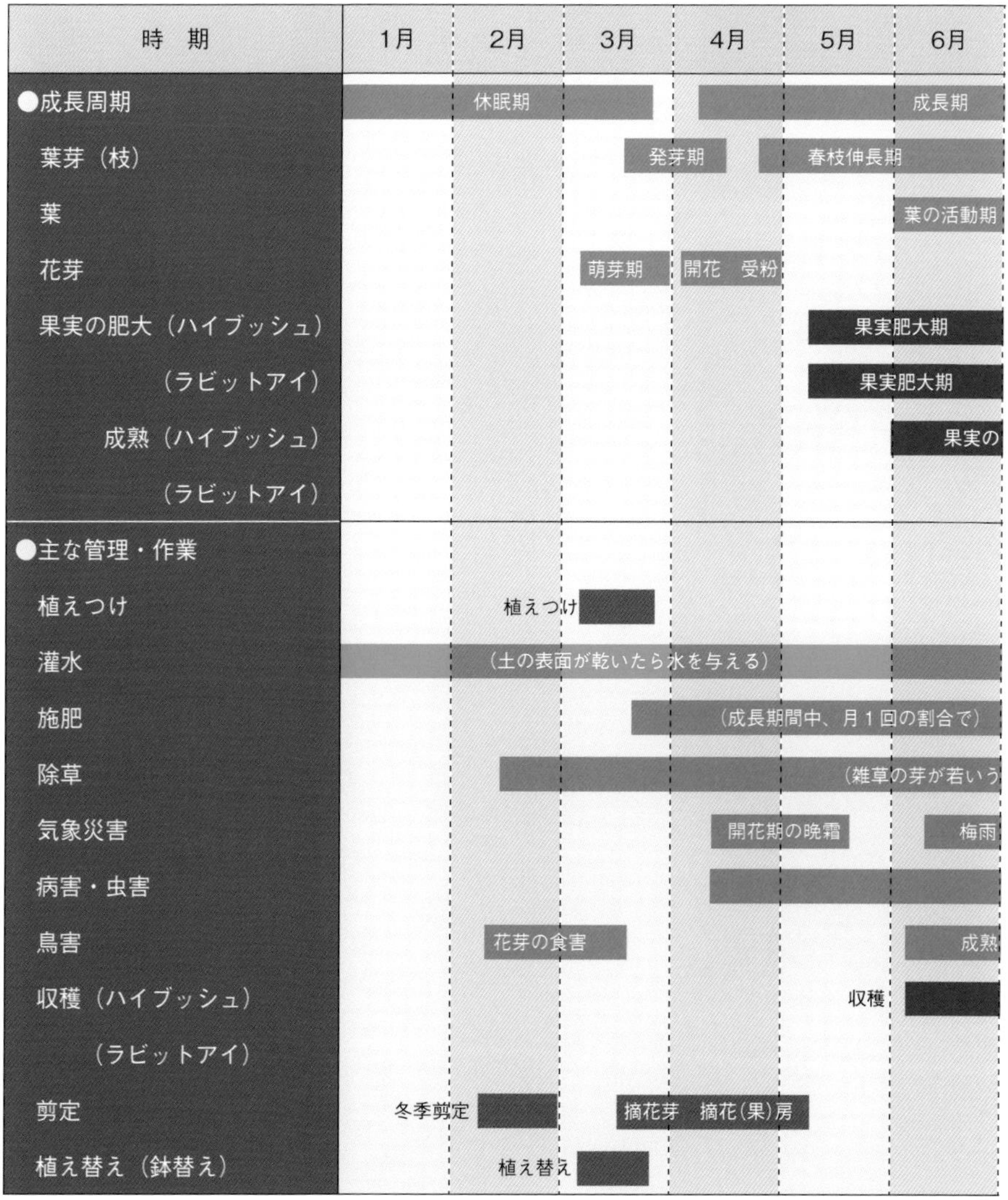

◆各月における平均気温および平均降水量

	1月	2月	3月	4月	5月	6月
平均気温（℃）	6.1	6.5	9.4	14.6	18.9	22.9
平均降水量（㎜）	52	56	118	125	138	168

（注）１）栽培暦は関東南部を基準としている
２）東京の平均気温を基準としている
３）国立天文台編『理科年表 2014』をもとに作成

春（3～5月）の生育と栽培管理

生育の状態

気象条件

春は、日増しに気温が上昇します。3月になると寒さが緩み、中旬の平均気温は東京で9・5℃近くですが、4月中旬には14・5℃、5月下旬には20℃くらいになります。

降水量は、3月になると気温の上昇に合わせたように急激に増え、3月全体では117・5㎜で、冬の2月（56・1㎜）の2倍にもなります。その後、降水量は少しずつ増し、開花時期にあたる4月の降水量は124・5㎜、幼果の成長期にあたる5月は137・8㎜です。

春の樹の状態

春、ブルーベリー樹の地上部には、萌芽・発芽、開花、受粉・受精、結実、果実の成長と、連続した形態的変化が見られます。

花芽が膨らみ始める（3月上旬）

花芽の萌芽、葉芽の発芽（3月上旬～中旬）

葉芽が春枝として伸長（3月下旬）

萌芽・発芽

3月上旬～中旬になると、例年、花芽と葉芽が動き始め、一部の品種では萌芽し開花が始まります。一方、芽の動きが遅い品種では、3月下旬になってから花芽が急激に肥大し、開いてから、少し遅れて葉芽が発芽し、枝として伸長し始めます。

新梢・春枝の伸長

新梢は、その年の春から秋までの間に伸長した枝、または伸長しつつある枝を指し、大きくは春枝《はるえだ》（1次伸長枝）、夏枝（2次伸長枝）、秋枝（3次伸長枝）の3種類に分けられます（**図4-2**）。3月下旬～4月上旬に発芽した葉芽が、その後6月中旬～7月上旬まで伸長した枝が春枝です。健全な成長をしている樹では、かならず春枝が伸長します。

開花

花芽は、自発休眠の覚醒に必要な低温要求量が満たされた後、適当な温度

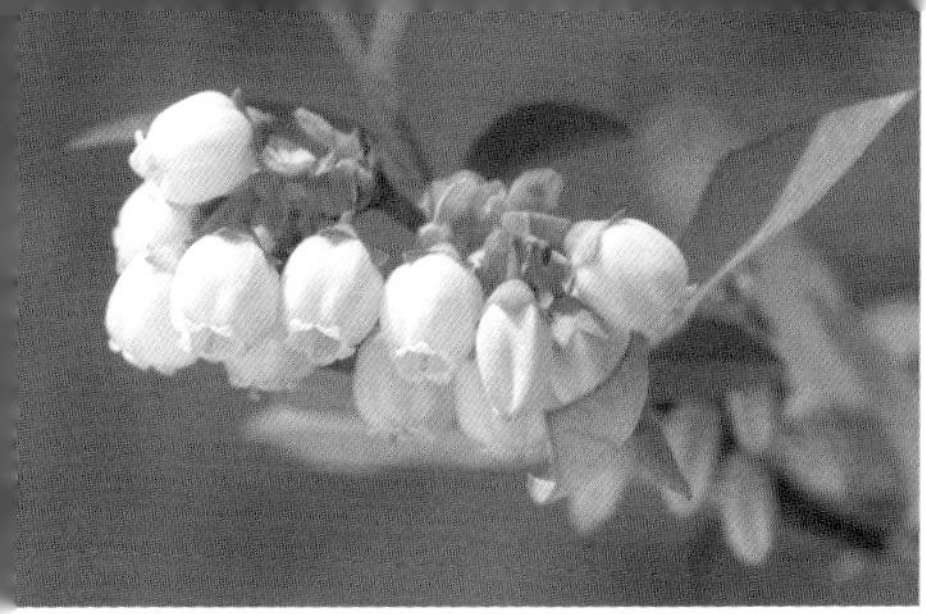

開花（ノーザンハイブッシュ）

受粉はミツバチなどの訪花昆虫による

下向きの小花が受精すると回転し、上向きに転じる

図４－２　新梢の種類

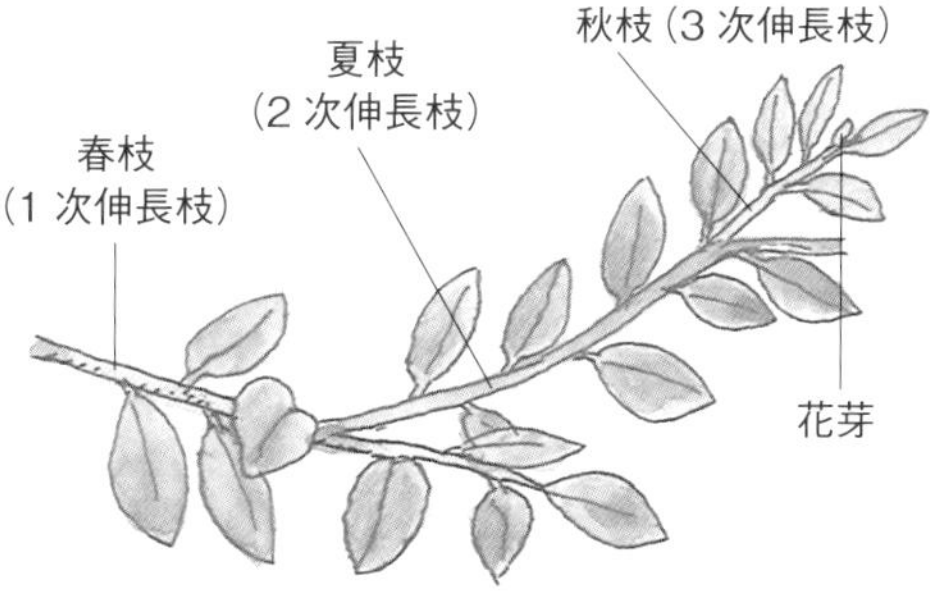

春枝から夏枝、夏枝から秋枝が発生する

が得られると開花します。

多くの場合、4月上旬に開花し始め、4月中旬には開花盛りとなります。開花は、4月下旬まで続きます。

受粉

花粉が雌《し》ずい（雌《め》しべ）の柱頭に付着する現象を受粉といいます。受粉は、花粉の品種の別から、自家受粉（果樹の場合、同一品種の花粉による受粉を指す）と他家受粉（異なる品種間の受粉を指す）に分けられます。

ブルーベリーは、自家結実性が劣るので他家受粉が必要です。他家受粉によって結実率が高まり、種子数が多くなって果実も大きくなり、成熟期が早まります。

鉢植え栽培では、通常、訪花昆虫が放飼されることはなく、受粉は自然のミツバチなどの活動によって行われています。そのミツバチなどの活動は、気温や風、降水など気候によって左右されますから、開花時の気候が不良であった場合には、結実が悪くなります。

受精、結実・結果

受精したかどうかの徴候は、小花の向きから観察できます。受精すると、花柄が回転して、それまで下向きだった小花が上向きになるおもしろい現象が見られます（受精していない小花は、萎れた花冠をつけて下向きのままの状態）。

なお、受精して胚珠が発育し、種子が形成される状態を結実といい、果実を形成することを結果といいます。この二つの用語は、実際には同じような意味合いで使用されています。

果実の成長

5月は、全体として果実の成長期間です。果実の成長周期は品種によって異なり、早生品種では、果実の肥大が盛んな成長周期第1期から、肥大が緩慢な第2期に移行する時期にあたります。極晩生品種では、まだ成長周期第1期です。

ラビットアイの幼果（5月下旬）

ハイブッシュの幼果

栽培管理の実際

春の管理・作業

春になり、冬の間休眠していた葉芽や花芽が発芽（萌芽）し、開花して樹の生理活動が活発になります。

なお、根による水分や肥料分の吸収、葉による光合成や蒸散活動などを活発化させるために必要な灌水、施肥、除草、気象災害、病害・虫害の対策は、第3章で解説しています。

図４－３　枝ごと切除の摘花の例

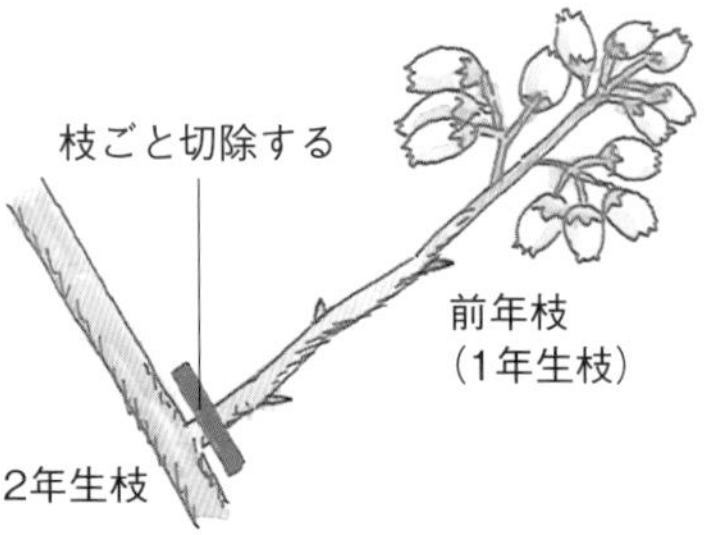

新梢が伸長せず、開花している枝は枝の長短にかかわらず間引く（摘花に相当）

植えつけ、植え替え（鉢替え）

3月上～中旬は、新たに鉢植え栽培を始める時期です。また、それまでの鉢植え樹を、一回り大きいサイズの鉢に植え替える時期にあたります。

摘花（果）

摘果とは、果実が幼果のうちにその一部を摘み取って果実数を減らすことをいいます。摘果によって、残した果実へ供給される養水分の分配量が増すため、残された果実は商品性のある果実に成長するので、多くの果樹では大切な管理です。しかし、ブルーベリーの普通栽培では、通常、摘花（果）は行われていません。

鉢植え栽培では、大きい果実を収穫

するために、枝ごと切除する摘花（果）がすすめられます。具体的には、開花・結実していても葉がついていない長い枝、長さが５㎝未満の短い枝や細くて弱々しい枝は、枝ごと切除します（**図４－３**）。

このような枝では果実の成長、成熟が遅れ、果実が小さいからです。適期は春で、新梢伸長の有無が確認できる満開時から小花が上向きになり結実が確認される時期までです。

鳥害対策

野鳥による作物の芽や果実の食害を鳥害といいます。ブルーベリーの場合、鳥害のいちじるしいのは収穫期における完熟果の被害ですが、春先にも見られます。

春先の被害は、ウソやムクドリによって萌芽前の花芽がついばまれるものですが、一般に特別な鳥害対策はとられていません。

夏（6～8月）の生育と栽培管理

生育の状態

気象条件

６月上旬から７月中旬～下旬までは、日本列島では北海道を除いて梅雨期間にあたります。

この期間は、通常、雨の日（６月、東京の降水量は例年約１６５㎜）や曇天の日が多く、多湿で、土壌の過湿状態が続きます。日照量（６月、東京の日照量は１２０・１時間）は少なくなります。６月は、平均気温が21～23℃で推移します。

７月中旬～下旬まで続いた梅雨が明けると、降水量は少なくなり、日照量が増加し、気温も上昇します。

８月は、日中の平均気温は25℃を超えて夏日となり、最高気温が30℃を超す真夏日も多く、35℃を超える猛暑日もあります。夜間の最低温度が、25℃以上ある熱帯夜が続いたりします。

春枝（１次伸長枝）の上部の節に花芽が形成されている（７月中旬）

樹と果実の状態

花芽分化

春枝の花芽分化の開始時は、タイプや品種、新梢の種類、気象条件や栽培管理によって異なります。早生品種の春枝の場合、伸長が停止して先端葉が完全に開く6月下旬から7月上旬にかけて、枝の先端の芽が花芽分化を始めています。

参考までに、植えつけ1年目から2年目の枝の伸び方と果実のつき方のサイクルを**図4－4**で紹介します。新梢では、夏枝の発生や徒長的な枝の伸長がめだちます。

図4－4　枝の伸びと果実のつき方

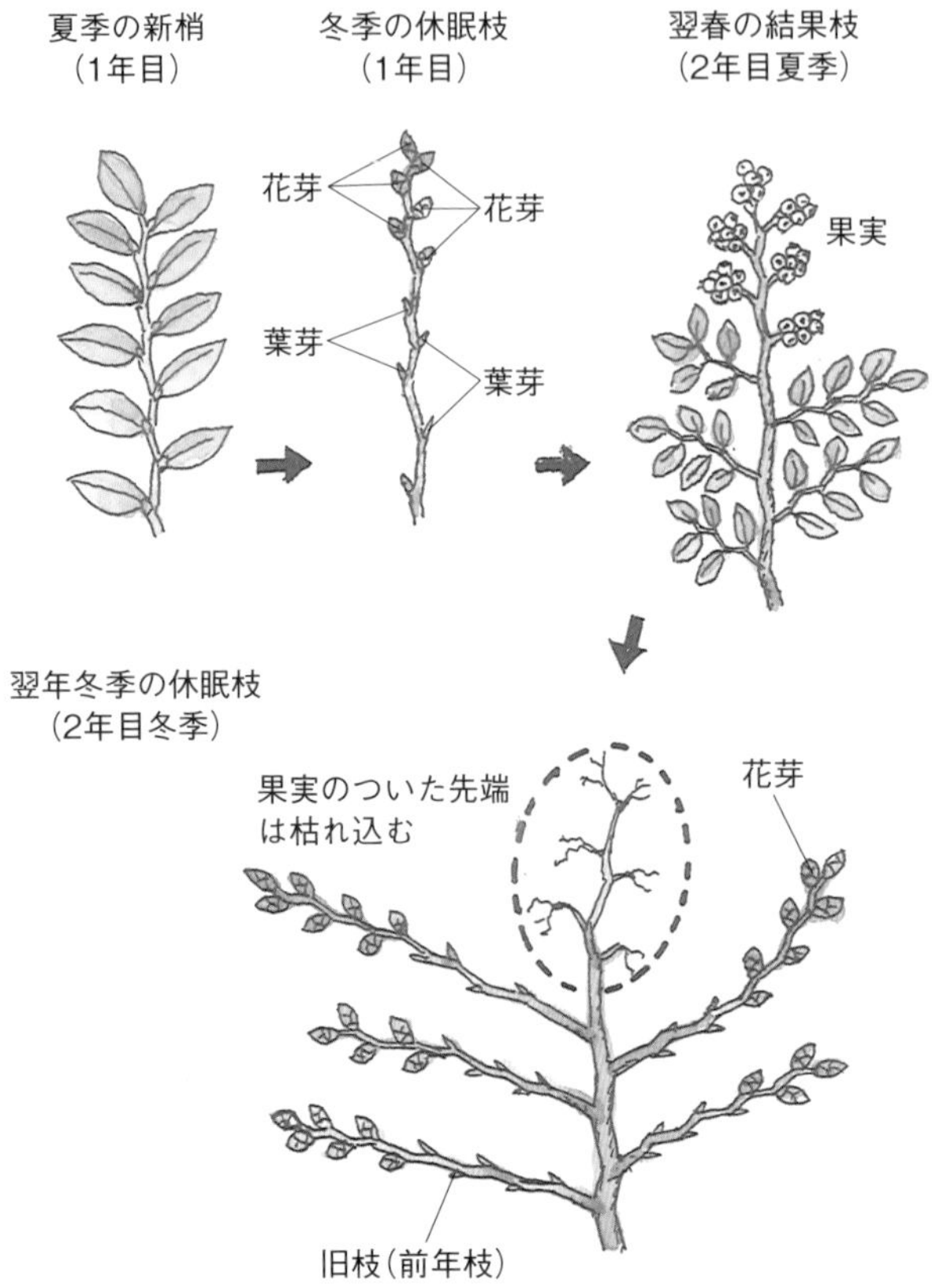

果実の成熟期

果実の成熟期は、タイプおよび品種によって大きく異なり、早生品種では6月上旬から始まり、中生品種から極晩生品種では7月および8月が成熟期です。なお、早生品種、中生品種は多くがハイブッシュであり、極晩生品種はラビットアイです。

果実の成長

果実の成長周期

ブルーベリー果実は、タイプや品種の違いにかかわらず結実から成熟までの間に、二重S字曲線を描いて成長します（**図4－5**）。

果実の成長周期は三つの段階に分けられます。

成長周期第Ⅰ期は、果実が急激な成長を示す段階（幼果期：細胞分裂期）であり、成長周期第Ⅱ期は成長の停滞期（種子の発育期）です。

ふたたび成長が盛んになる成長周期第Ⅲ期（最大成長期：個々の細胞の肥大期）となり、果実の大きさはいちじるしく増大し、果皮はピンク色からしだいに青色になり、やがて果皮全体が明青色から暗青色になって成熟します。

図4－5　ノーザンハイブッシュ果実の成長周期　（玉田　2015）

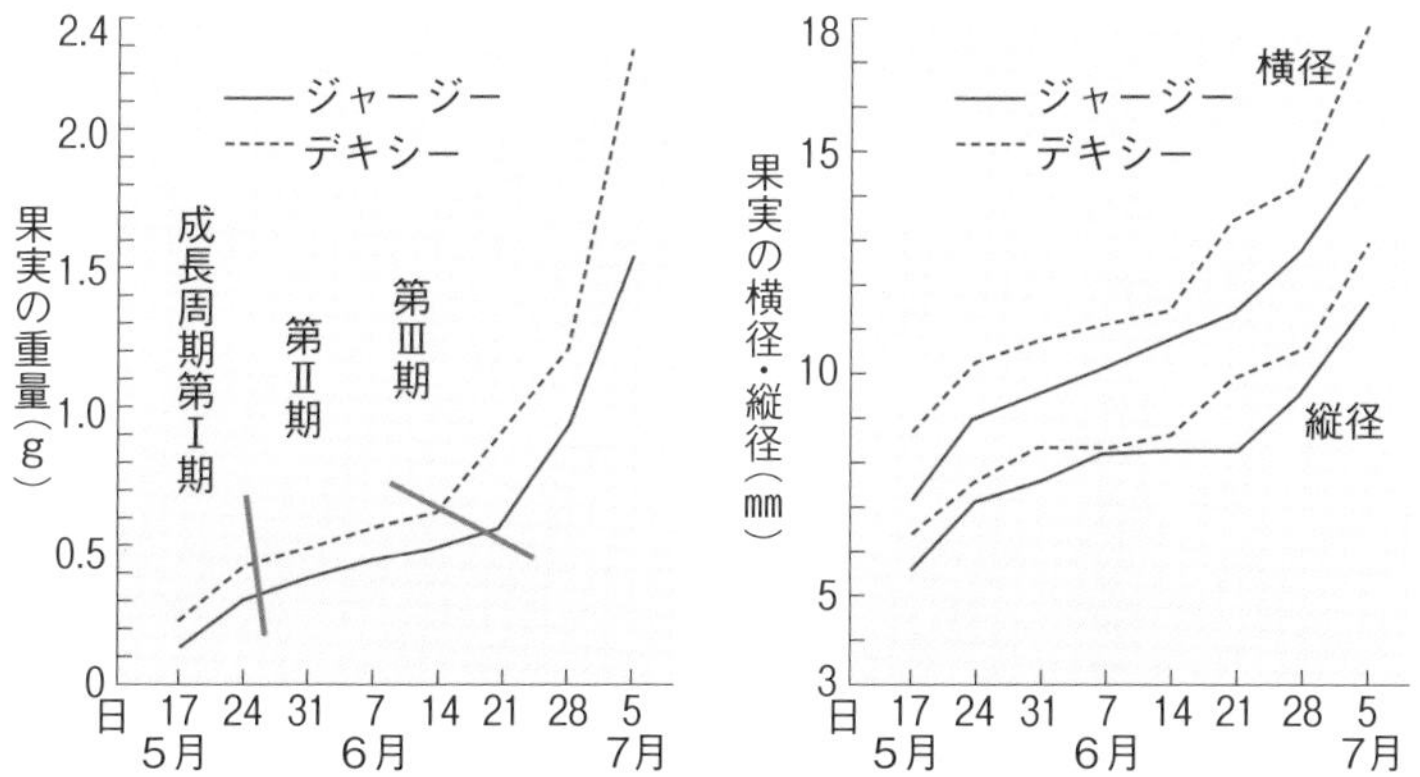

徐々に成熟果の果皮色になる

果実の着色段階と大きさ

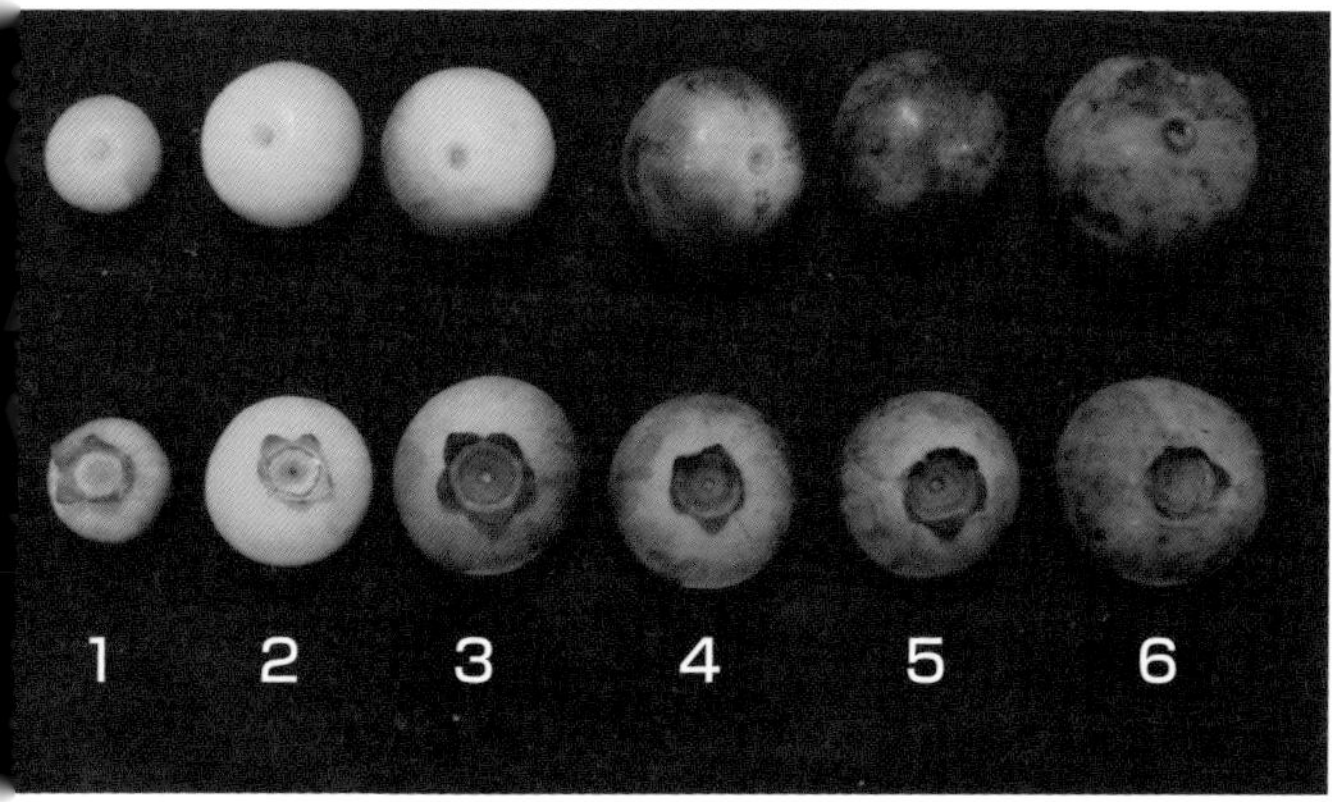

左から１未熟な緑色期、２明緑色期、３グリーンピンク期、４ブルーピンク期、５ブルー期、６成熟期

果実の成長の早さと気象条件

果実の成長・成熟の早晩は、品種特性ですが気象条件や栽培条件によっても左右されます。

日中温度が10℃から25～30℃までの範囲内では、果実の成長は低い温度よりも高い温度条件の下で早まります。

また、日光の照射量によっても異なり、樹冠上部で日光をよく受けている枝の果実は、日陰の果実よりも早く成熟することはよく知られています。

果実の成熟と成分、肉質

果実の成熟

ブルーベリー果実は、成長周期の第Ⅲ期が成熟段階にあたります。

果実の着色段階

果実の成長周期第Ⅲ期は着色段階とほぼ一致し、この期間内に果実内の生理作用により成熟果の果皮色、糖度、酸度、肉質などが決定されます。

着色段階は、通常、六つに区分されています。

❶未熟な緑色期　果実は硬く、果皮全体が濃緑色の段階（成長周期第Ⅱ期）

❷明緑色期　ここから成長周期第Ⅲ

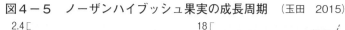

期に入る。果実がわずかに軟らかくなり、果皮全体が明緑色の段階

❸グリーンピンク期　果皮は全体的に明緑色で、がく（蕚）の先端がいくぶんピンク色になった段階

❹ブルーピンク期　果皮は全体的にブルー（青）であるが、果柄痕のまわりがまだピンク色の段階

❺ブルー期　果皮全体はほとんどブルーであるが、果柄痕のまわりにわずかにピンク色が残る段階

❻成熟期（段階）　果皮全体がブルー（品種本来の果色）に着色した段階

果実の成熟に伴う成分変化

収穫適期に達した果実では、成熟ステージごとに個々の細胞容積の増大、果皮のクロロフィル（葉緑素）の消失と着色（アントシアニン色素の増加）、甘味の増加、酸味の減少、呼吸の増大などが起き、成分が変化しています**（表4－1）**。

アントシアニンの変化

ブルーベリーの果皮色は品種特性で、一般的に、明青色、青色、暗青色などと表現されますが、いずれもアントシアニン色素によるものです。

幼果は、果皮にクロロフィルを含むため緑色です。果実が成長して着色段階に入るとクロロフィルはしだいに分解消失し、一方、アントシアニン色素が増加します。

糖の変化

糖含量は果実の着色段階で変化し、がくのまわりがわずかにピンク色を呈するグリーンピンク期から増加し始め、完全に青色に着色した段階の成熟期で最も多くなります。

表4－1　ノーザンハイブッシュ果実「ウォルコット」の成熟ステージと果実成分

成熟ステージ 1)	pH	全酸（クエン酸として）（%）	可溶性固形物（%）	可溶性固形物／クエン酸比	全糖（%）	全糖／クエン酸比	アントシアニン（mg／100g）	果実重（g）	1果中の酸含量（mg）	1果中の糖含量（mg）
1	2.60	4.10	6.83	1.67	1.15	0.28	—	0.31	12.9	4.0
2	2.68	3.88	7.20	1.86	1.70	0.46	—	0.52	20.2	9.4
3	2.74	3.19	8.96	2.83	4.03	1.28	—	0.64	20.2	25.6
4	2.81	2.36	9.88	4.22	5.27	2.28	85	0.74	17.5	38.9
5	2.96	1.95	10.49	5.48	6.20	3.26	173	0.80	15.7	49.7
6	3.04	1.50	10.79	7.30	6.87	4.69	332	0.91	13.7	62.3
7	3.33	0.76	11.72	15.42	8.57	11.18	593	1.18	9.0	101.3
8	3.80	0.50	12.42	24.84	9.87	19.95	1033	1.72	8.6	169.3
lsd (0.05) 2)	0.14	0.23	0.30	0.38	0.36	0.25	20	0.06	1.5	3.7

（出所）Ballinger, w.e. and L. J. Kushman 1970

（注）1）成熟ステージの概要

1. 果実は小さく果皮が深緑色　2. 果皮が明るい緑色　3. がく（蕚）のまわりがわずかに赤色
4. 果皮の半分くらいが赤色化　5. 果皮がほとんど赤色化　6. 果皮全体が青－赤色
7. 果皮が全体に青色　8. 完全に青色

2）成熟ステージ1から6までについて行った

有機酸の変化

果実の着色段階との関係で見ると、有機酸（とくにクエン酸）含量は、グリーンピンク期から大きく低下し始め、完熟段階で最低となります。

成熟果をついばむヒヨドリ

収穫直前の被害果

防鳥ネット

果実の成熟に伴う肉質の変化

成熟果の肉質（果肉の硬さ）は、品種によって異なりますが、共通して着色段階の進行に合わせて軟らかくなります。それは、成熟ホルモンといわれるエチレンによって促進され、細胞壁のペクチンが可溶化して果肉が軟化することによります。

図４－６　防鳥ネットで覆う例

夏の管理・作業

栽培管理の実際

樹のストレスの緩和

夏季の樹のストレスを緩和させるために、天候の変化と樹の成長段階に合わせて灌水を始め、施肥、除草、気象災害や病害・虫害、鳥害の対策などを適期に行う必要があります。

鳥害対策

鳥害はムクドリ、オナガ、ヒヨドリ、スズメ、カラスなどにより、収穫直前の成熟果がついばまれる被害です。

被害果は見つけしだい除去します。そのまま枝上に残しておくと、果肉が露出した部分に病害虫が寄生します。

鳥害対策は、普通栽培や庭植え栽培の場合、樹（園）や場所全体を防鳥ネットで囲む方法が最も効果的です。

鉢植え樹の成熟果

ブルー（青色）に着色してから４～５日後が収穫適期

鉢植え栽培の場合、数か所に樹高以上の高さに支柱を立て、その上に市販の防鳥ネット（目合い15～30㎜）をかぶせる方法がすすめられます（**図4－6**）。もっとも野鳥が察知してついばむのは、成熟果だけ。果実が熟し始めるころまではネットをかぶせる必要はありません。

まったく鳥害対策をとらずに（そのような事例が多い）、飛来する鳥の習性を観察することもできます。鳥の飛来を観察したり楽しんだりするのも、また、家庭果樹ならではのことです。

なお、ヒヨドリ以外は1年間ほぼ同じ場所にとどまる留鳥《りゅうちょう》です。

収穫・貯蔵にあたって

果実の収穫

収穫期は、栽培地域、タイプや品種によって異なり、その期間に幅があります。また、収穫期間は同一品種でも地域によって異なり、通常、西南暖地で早く、東北地方や北海道では遅くなります。

1品種（樹）の収穫期間は、3～4週間です。それは、同一品種でも樹や枝によって、また同一果房内でも果実の成長に早晩があるからです。

収穫適期の判断

収穫は、果柄痕の周囲まで果皮全面がブルー（明青色、青色、暗青色）に着色してから4～5日後とします。

これは、ブルーベリー果実は樹上でのみ完熟するので、ブルーに着色してから完熟までに数日を要するからです。そのうえ、ブルーベリーはデンプン質果実ではないため、収穫後にデンプンが糖化して果実の糖分（糖度）が高まることがないからです。

また、果皮表面は品種特有の果粉で覆われ、その果粉の状態の良否が品質に影響しますが、完熟果でなければ完全に被覆されません。

手収穫の方法

完熟果を目と指先の感覚で選別し、手で摘み取るのが手収穫です。

目の感覚は、果皮全体がアントシアニン色素で被覆されているかどうかの違いによる識別であり、指先の感覚は果実を軽くつまんだ状態の軟らかさと果柄の離脱の難易によるものです。そうできるのは、ブルーベリーでは果実と果柄の離脱に特徴があり、未熟果は果実に果柄がつき、成熟果では果実のみが離脱し、果柄は枝に残るからです（**図４－７**）。

図４－７　果実を摘み取る

底の浅い容器に摘み取る

完熟果を一粒ずつ軽くつまんでねじり、果柄が残るように摘み取る

　手収穫は、果実販売を目的とした普通栽培でも通常の方法です。収穫時に守るべき点は、鉢植え栽培でも、普通栽培でも共通しています。

軽くねじって摘み取る　果実は親指と人差指で軽くつまみ、ねじって摘み取る。果房から引きちぎるように、あるいは引っぱって摘み取ると、果柄痕が傷み、果皮が裂けるなどして収穫後の品質劣化が早く進む。

摘み取った完熟果

早取りしない　果実が完熟してから収穫する。果皮に赤みが残っている果実は未熟果であり、果実の大きさや風味が劣る。

収穫間隔を守る　1樹からの成熟果の収穫は、4～5日間隔とする。

底の浅い容器に摘み取る　果肉が軟らかいので、果実間の押し傷を少なくするために底の浅い容器（深さ10cmくらい）に摘み取る。

果粉を取り除かない　果粉は美しい果色や成熟段階、新鮮さなどと関係している。一般的に、果粉は完熟した新鮮な果実で濃く、収穫後の日数の経過とともに薄くなる。

取り残しをしない　成熟果を取り残すと、つぎの収穫日には過熟果になる。過熟果は、病気や害虫の寄主となるおそれがある。

障害果の除去

病害果、虫害果、裂果などは見つけしだい除去します。

果実の貯蔵

収穫果の品質劣化を抑え、良品質を保持するためには、生食する場合でも、加工品をつくる場合でも、収穫後できるだけ早く家庭用冷蔵冷凍庫で、低温貯蔵（冷蔵、あるいは冷凍貯蔵）することがすすめられます。

低温貯蔵（冷蔵）

低温貯蔵は、常温より低い一定の温度（通常、1～2℃）で、短期間だけ貯蔵する方法です。果実の貯蔵条件のうち温度は、果実の呼吸に最も大きく影響し、凍結しなければ低温であるほど品質の劣化を抑えることができます。貯蔵温度が1℃の場合、腐敗果は少なくなり、日持ちは10℃の場合の3～4倍もあり、一方、22℃では、2～4日で腐敗し始めたことが報告されています。

通常、鉢植え栽培で収穫した果実はそのまま生食するほか、収穫量が多い場合にはいったん冷蔵庫で貯蔵し、ジャムなどの加工品に利用できます。この場合、果実をできるだけ早く低温（通常1～2℃）状態に保持し、乾燥を防ぐことが重要です。

収穫時に混ざった未熟果や過熟果、障害果、果柄などを取り除き、選別した果実は通気性のある容器に入れ、容器の上だけラップします。こうすると、1～2週間程度は新鮮な果実と変わらない風味を楽しむことができます。

冷凍貯蔵

冷凍貯蔵は、マイナス20℃以下の温度で貯蔵する方法です。温度管理に注意すれば、6～10か月間も貯蔵できます。

ブルーベリーの各種加工品は、多くは冷凍果実を原料としています。それは、ブルーベリーが、凍結、解凍によって急激に酸化しても組織や構造に損失を生じにくいからです。

また、家庭で冷凍果実として食したり、冷凍して加工品をつくったりする場合にも冷凍貯蔵がすすめられます。方法はとても簡単で、選果した成熟果を、市販のジッパー付きのポリ袋など冷凍食品保存バッグに一定量詰め（日付、品種名など記しておく）、冷凍庫（室）で貯蔵するだけです。厚手で破れにくく、密閉可能で中身がよく見えるので便利です。

マイナス20℃以下の低温で冷凍貯蔵

秋（9〜11月）の生育と栽培管理

生育の状態

気象条件

秋が深まるにつれて気温は直線的に低下します。東京の平均気温は、初秋の9月上旬が25・5℃ですが、晩秋の11月下旬には11℃にまで下がります。9月と10月は、台風が日本に接近し上陸する回数が増えます。また、秋雨前線の影響で降水量が多くなります。

徒長枝から秋枝（3次伸長枝）が伸長

次年に開花、結実する花芽が肥大（10月）

秋の樹の状態

秋のブルーベリー樹は気温の低下に合わせて、新梢の伸長力は衰え、根の活動が弱まり、やがて来る冬の厳しい低温から樹体を守る準備態勢に入ります。その徴候は紅葉、落葉といった形態的な変化として顕著に現れます。

成熟期が終了

9月上旬には、極晩生品種でも果実の成熟期（収穫期）が終了します。

秋枝の伸長

9月になって、春枝や夏枝から、あるいは勢力が強い徒長枝から伸長する枝が秋枝です。秋枝の発生は品種によりますが、多い品種では霜が降りるまで伸長するものと、枝上に花芽が着生して伸長を止めるものがあります。

花芽分化

9〜10月になると、秋枝にも花芽が分化し、また春枝や夏枝では分化した花芽の花器が発育しています。健全な花芽分化と花器の発育のためには、自然落葉までの秋の期間中、葉を保持する管理が重要です。

紅葉

紅葉は、秋になって夜間の温度が下がり、日中の温度は比較的上がることで、ホルモンの働きで葉柄の基部にできた離層によって糖類の移動が妨げられ、糖類が葉に異常に蓄積することによって起こるものです。

また、紅葉はその後に続く落葉に備えて、葉内の糖分や無機成分を枝に転流した後の状態ともいえます。ブルーベリーの紅葉は主としてアントシアニン色素によるものです。

紅葉は、タイプや品種、同一品種でも地域、自然条件、栽培条件などによって異なります。例えば、タイプでは、関東南部の場合、ノーザンハイブッシュの紅葉は10月下旬~11月上旬ごろから始まり、ラビットアイの紅葉は、ノーザンハイブッシュよりも2~3週間遅れて始まります。

夜間温度の低下が早い高冷地が温暖地よりも紅葉が早く、窒素や水分不足で栄養状態が不良な樹は、栄養状態が旺盛な樹よりも早く紅葉することはよく知られています。

落葉

秋の自然落葉は、一種の生理現象で、冬の厳しい低温から枝や芽を守るための準備です。紅葉する段階で形成された葉柄基部の離層細胞はやがて分離し、葉身は離層の部位から容易に落葉します。枝上の葉痕はコルク層で覆われ、水分の消失と病原体の侵入から身を守っています。

自然落葉は、関東南部では、ノーザンハイブッシュが11月下旬から、ラビットアイは12月中旬から始まります。多くは落葉性ですが、緑葉のまま休眠期を迎える半常緑性品種もあります。

芽は休眠期に移行

休眠は、環境や樹自体の生理的要因で成長を停止している状態です。

成長期間中の葉や芽は、低温や凍結には耐えられないので、落葉して休眠期になると高い耐凍性を得ることで、厳寒の下でも生存が可能になります。一方では、休眠というかたちで寒い冬を越さないと、翌春、芽は正常に発育することができません。

休眠はその性質から、条件的休眠、自発休眠、他発休眠の三つに分けられます。

紅葉への変化

紅葉の始まり

葉の赤みが増す

紅葉真っ盛り

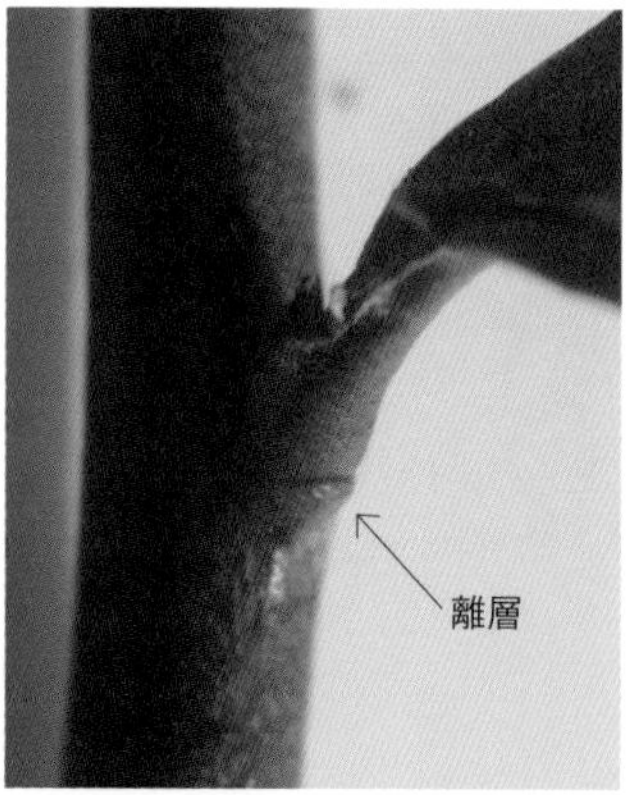

葉の基部に離層が発達。紅葉後、離層細胞が分離し、葉身が落葉する

秋の管理・作業

栽培管理の実際

秋は、気温の低下に合わせて根や葉

の生理活動が弱まりますが灌水、除草など年間を通して必要な栽培管理法は、春・夏のそれと変わりありません。

健全葉の確保

前述したように健全な花芽の分化および花器の発育のためには、秋の自然落葉の前までの期間、同化器官である葉の保持が大切です。自然落葉前の落葉は、病気や害虫の被害も一因です。

鉢植え栽培では、病害や虫害予防のために農薬散布をしません。収穫後の樹でもよく観察して、病害や虫害の葉は見つけしだい除去して被害の拡大を防ぎ、落葉を少なくすることが大事です。

強風対策

9月と10月は、台風が日本列島に接近し、また上陸する機会が増えます。台風に伴う強風は、秋の落葉を早めます。防風ネットで覆ったり、鉢の置き方や置き場所を工夫したりして強風対策を行い、落葉を抑えます。

冬（12～2月）の生育と栽培管理

生育の状態

気象的条件

12月になると寒さは本格的になります。東京の12月上旬の平均気温は10℃ですが、下旬には7℃まで下がっています。

その後、1月から2月上旬までは1年のうちで最も気温が低い時期（最寒月）となり、平均気温は5・4℃で推移します。降水量が少なくなり、空気は乾燥しています。2月下旬の平均気温は6・9℃で、やや上昇します。

落葉後の鉢植え樹（12月下旬）

冬の樹の状態

冬のブルーベリー樹は、引き続き休眠期にあり、厳しい低温に耐えるためにしだいに耐凍性（氷点下の低温に耐える能力）を高めています。一方では、やがて来る春の芽の発芽（萌芽）、開花に向けて、生理活動再開の準備が整えられつつあります。

最寒月の最低気温の影響

最寒月の最低気温は、ブルーベリー栽培の北限を決定づけます。花（葉）芽や枝は、冬の厳しい低温によって凍害（寒害）を受けます。

花器の発育

枝上の花芽や葉芽は、秋の後半から引き続いて休眠状態にあり、厚い鱗片で覆われ、硬く閉じています。しかし、花芽の内部では、花器（雄ずいや雌ずいなどの器官）が発育しています。このころの花芽は、葉芽と比べて明らかに丸くて大きく膨らんでいます。

1月下旬から2月中旬になると、花芽の鱗片間に広がりが見えてきて、厳寒期でも花芽は発育していることがわかります。

根の活動

根の活動は、低温によって非常に弱まっています。

ブルーベリーの根は、地温（根群が密に分布している位置）がマイナス7～マイナス11℃に低下すると低温障害を受けます。障害の程度は根の太さと関係し、同じ低温でも、細い根は太い根よりも障害を受けやすいとされています。

根の防寒対策はとられていません。

冬の管理・作業

栽培管理の実際

乾燥防止

冬、樹は休眠期で体内の生理作用は低下していますが、休止しているわけではありません。根は弱いながらも活動し、花芽内では花器が発育しています。このため、土壌の乾燥による水分不足を招かないことが重要で、降水のない日が続いた場合には灌水する必要があります。

なお、灌水、施肥、除草、気象災害、病害・虫害の対策については、第3章で説明しています。

降雪対策

地域によっては降雪があり、積雪量が1mを超える地域もあります。普通栽培の場合、積雪が1mを超える所では、枝を縄で縛る冬囲いが行われています。

鉢植え樹では、とくに降雪対策はとられていません。千葉県中部では、例年1月下旬～2月中旬に何日か、数cmの降雪がありますが、長くても数日で融解します。

花芽内部で花器が発育（1月上旬）

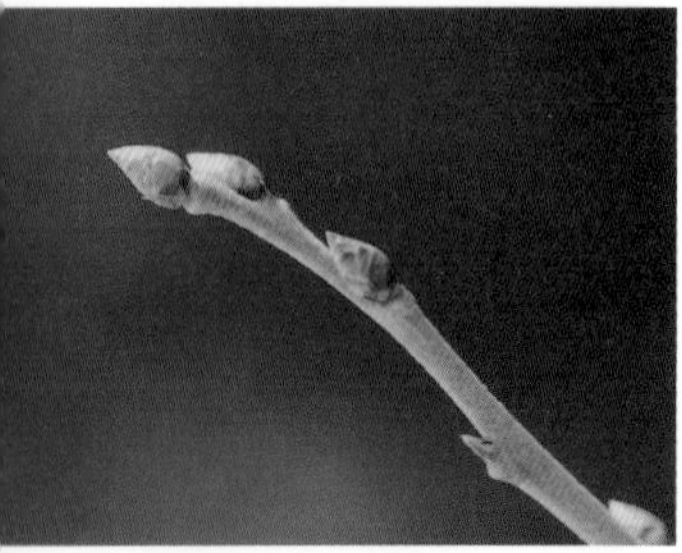

花芽が大きく膨らむ（1月中旬）

わずかだが細い根が伸長（1月中旬）

第５章

ブルーベリー果実の成分と健康効果

栄養成分に富む果実

ブルーベリーの成熟果は、甘ずっぱく、特有の風味を呈しますが、併せて各種のミネラルやビタミン類の栄養成分、アントシアニン色素に代表される抗酸化作用の強いポリフェノールを豊富に含んでいます。

この章では、ブルーベリー果実の健康効果について、とくに高齢者の健康維持に視点を置いて解説します。まず、食品としての果実の特徴を整理し、続いて、１次機能（栄養機能）、２次機能（感覚機能）、３次機能（生体調節機能）に分け、特徴的な成分の健康効果について紹介します。

食品としてのブルーベリー果実

食品としての特徴

人間が、食べるために直接利用できる食用可能なものが食品ですが、その材料となるものの種類や形態によって、いくつかに分類されます。

果実の青色はアントシアニン色素による

ブルーベリーは大別的分類では植物性食品であり、動植物の種類別分類では果実類に分けられますが、食品としてつぎのような特徴をもっています。

丸ごと食べられる

消費者の果物離れの一因に、「食べるさい、皮をむくのがめんどう」という理由があげられています。これは、果実を食べるさいに、簡便性が重視されていることを示しています。

ブルーベリーは、生果でも冷凍果でも「丸ごと食べられる小果」です。果実は小粒（平均して1～5円玉の大きさ）で、食べるさいに果皮をむく必要がなく、また、食べられない果芯部や種子が残ることのない、いわゆる「廃棄率ゼロ」の果実です。

安心・安全な果実

果実を食べるさい、その安全性が重視されます。

ブルーベリーは、タイプ（種類）や品種を選定すれば、とくに鉢植え栽培では、無農薬で育てることができます。また、果実は、樹上で完熟するので、無農薬の完熟果を直接摘み取って安心して食べることができます。

これ以上、安全・安心で、新鮮な食品・果実はありません。

果実の成分と風味

栄養成分と機能性成分

果実を食べる意義は、果実に含まれる栄養素であるミネラル（無機質）とビタミン類を摂取することです。

ブルーベリーには、ミネラル類ではマンガン（Mn）が多く、ビタミン類ではビタミンA、ビタミンE、ビタミンCが多く含まれています。また、ミネラルのうちでは、カリウムとリン含量の少ないのが特徴です。

果実名「ブルーベリー」の由来であるブルー（青色）は、果皮色であるアントシアニン色素によるものですが、そのアントシアニン色素は、抗酸化作用の強いポリフェノールの一種で生体調節機能のあることは広く知られています。

収穫果

また、ブルーベリーには食物繊維も多く含まれています。ポリフェノールや食物繊維は、生活習慣病にたいして高い予防効果のあることもまたよく知られています。

ブルーベリーは、丸ごと食べられるので、果実のもつ栄養成分と機能性成分のすべてを摂取できます。

糖と酸が調和した風味

果実を食する意義のもう一つは、果実の風味（食味）を楽しむことです。

果実は特有のさわやかな風味

完熟果は未熟果よりも大きく、果皮色は明青色から暗青色を呈し、糖度が高く、酸度は低下して糖酸比が高まり、果肉は軟らかくなり、各種の成分含量が高まって風味が整い、最もおいしくなります。

風味（食味）に関係する成分は、果実では、糖、酸、アミノ酸、香気成分、ペクチンなどです。

これらの成分のうち糖と酸の種類について見ると、ブルーベリーでは、糖はブドウ糖（グルコース）と果糖（フルクトース）が主体で糖全体の90％以上を占め、酸はクエン酸、リンゴ酸、キナ酸やコハク酸などです。

これらの糖と酸が調和して、ブルーベリー果実に特有なさわやかな風味を呈します。

果実の栄養機能（1次機能）

食品には、身体をつくり活動のエネルギー源となる栄養素だけではなく、神経系、免疫系、内分泌系、循環系、消化系などを中心に、体の調子を整える機能に大きな影響を与える成分も含まれます。

こうした食品が生体に与える効果を「食品の機能」と呼び、①1次機能（栄養機能）、②2次機能（感覚機能）、③3次機能（生体調節機能）の三つに分けられています。

一般成分とミネラル

果実の栄養成分とその働きは、食品の1次機能（栄養機能）にあたります。ブルーベリー果実に含まれる主要な栄養成分について、**表5－1**に示しています。

ここでは、栄養成分を一般成分、ミネラル（無機質）、ビタミン類、食物繊維に分け、それぞれのなかでブルーベリー果実に含まれる特徴的な成分について、その含有量、成分の人体内での働き（生理作用）、欠乏あるいは過剰症状などについて紹介します。

一般成分

『七訂食品成分表』（2015年発表）では一般成分として水分、タンパク質、脂質、炭水化物（糖質と食物繊維の合計）、灰分をあげています。これらのうち栄養素として重要なのは、三大栄養素といわれる糖質、脂質、タンパク質の三つで、体内での機能は、エネルギー源としての働き（主として糖質、脂質）と身体をつくる成分（主としてタンパク質、脂質）としての働きです。

三大栄養素のうち、食品として果実に求められるのは通常、糖質です。

糖質の重要性

食品の糖質がとくに重要なのは、脳や神経系、赤血球などが活動するための唯一のエネルギー源になるからです。

果実を食する目的が、とくにエネルギーを得ることではないので、糖質含量が比較されることは多くはありません。しかし近年、糖質の過剰摂取が肥満をもたらし、糖尿病や脂肪肝、動脈硬化などの生活習慣病の原因になるとされることから、デザートとして食される果実の糖の種類と含量が問題になっています。

ブルーベリー果実の糖質

糖質の過剰摂取が問題となっているなかで、ブルーベリーが糖質含量の少ない果実として注目されています。これは、ブルーベリー果実の糖質含量が、生果100g中8・8g（炭水化物含量12・9gから食物繊維含量4・1gを差し引いた量）と少なく、またエネルギーが49㎉と低いことによるものです。

ブルーベリー果実の糖質は、主として果糖、ブドウ糖、蔗糖です。果糖とブドウ糖は全糖にたいして90％以上を占め、両者の比率はほぼ一定（1～1・2）です。

表5－1　ブルーベリー果実の主要な栄養成分

（可食部100g当たりの成分値）

成分および単位			生果	ジャム	乾果
廃棄率		%	0	0	0
エネルギー		kcal	49	181	286
一般成分（基礎成分）	水分	g	86.4	55.1	21.9
	タンパク質	g	0.5	0.7	2.7
	炭水化物	g	12.9	43.8	72.5
ミネラル（無機質）	ナトリウム	mg	1.0	1.0	4.0
	カリウム	mg	70.0	75.0	400.0
	リン	mg	9.0	12.0	36.3
	鉄	mg	0.2	0.3	1.2
	亜鉛	mg	0.1	0.1	0.4
	銅	mg	0.04	0.06	0.23
	マンガン	mg	0.26	0.62	1.94
ビタミン類	A（β-カロチン）	μg	55.0	26.0	72.0
	E（トコフェロール）	mg	2.3	3.1	7.2
	B_1	mg	0.03	0.03	0.12
	B_2	mg	0.03	0.02	0.10
	葉酸	μg	12.0	3.0	13.0
	C	mg	9.0	3.0	0.0
食物繊維	水溶性	g	0.4	0.5	3.0
	不溶性	g	3.7	3.8	14.6
	総量	g	4.1	4.3	17.6

（出所）香川明夫監修『七訂食品成分表』2018などをもとに作成（ただし、食物繊維の生果の数値を除く）

ブドウ糖は単糖類（これ以上分解すると糖質ではなくなる）で、自然界で最も多い糖であり、また、人間が最も多く摂取する糖です。血糖として血液中に約0.1％濃度で含まれ、細胞に取り込まれてエネルギー源になります。食品としての性質は、水溶性で、甘味があります。

果糖は、ブドウ糖と同様に単糖類で、肝臓でブドウ糖に転換されエネルギーになります。しかし、一部は脂肪酸や中性脂肪の合成に利用されるため、果糖の多い果実を食すると太りやすいとされています。果糖の甘味は糖の種類のなかで最も強く、ブドウ糖の約2・5倍もあります。

ミネラル

ミネラル（無機質）は、五大栄養素の一つで、必須栄養素（人間の体内で合成できないか、合成できても必要量には足りないため、食事で摂らなければならないもの）です。栄養素として、体をつくる成分となるほか、生理作用を調節する働きをしています。

ミネラルは種類が多く、『七訂食品成分表』ではナトリウム（Na）、カリウム（K）など13種が掲載されています。それらの成分のなかでブルーベリー果実に特徴的なのは、カリウムとリン（P）含量が少なく、マンガン（Mn）含量が多いことです。

カリウム（K）

ブルーベリー果実のカリウム含量は、果実類のなかでも最も少ないレベルで、生果100g中70㎎です。

体内に含まれるカリウムの量は体重の約0・2％で、その多くは細胞内に含まれています。

カリウムは細胞外に多いナトリウムと相互に作用しつつ、細胞の浸透圧の調節と水分の保持、神経伝達、筋収縮、ホルモンの分泌、細胞膜輸送にかかわり、酸とアルカリの平衡を保ち、酵素反応を調節し、エネルギー代謝にも関与しています。また、カリウムには、腎臓でのナトリウムの再吸収を抑制して尿中への排泄を促すため、血圧を下げる効果があります。

カリウムの食事摂取基準（目安量、㎎/日。日本人の食事摂取基準2015）は、70歳以上の男子で2500㎎、女子で2000㎎です。カリウムは、植物性食品から動物性食品まであらゆる食品に含まれているので、通常の食生活ではカリウム欠乏症が起こらないとされています。仮に摂り過ぎたとしても尿中に排泄されるので、普通の食事で過剰症になることはないようです。

ただし、腎臓の機能が低下して尿の排泄が困難な人には、カリウムが過剰となる高カリウム血症（疲労感、精神障害、徐脈や不整脈などがもたらされる）が起きるため、日々の食生活のなかでカリウムの摂取量を控える必要があります。例えば、透析の治療者は、1日当たりのカリウムの摂取量を2000㎎以下に抑えるよう指導されています。カリウム含量の少ないブルーベリーは、果物好きで、腎臓病の治療を受けている人にとっては最良の健康果実です。

なお、ブルーベリー果実のナトリウム含量は、わずか1㎎（生果100g中）です。

リン（P）

ブルーベリー果実のリン含量は、果実類のなかでも最も少なく、生果100g中9㎎です。

リンは、カルシウム（Ca）の次に体内に多く含まれ、体重の約1・1％を占めます。その80～85％がカルシウムやマグネシウム（Mg）と結合して、骨や歯の主成分となります。

リンの生理機能は多様で、リン脂質

として細胞膜を構成し、核酸やリンタンパク質として細胞の構成部分となります。糖質、脂質、タンパク質の代謝反応に関与し、補酵素〔酵素のタンパク質部分（アポ酵素）〕と可逆的に結合して酵素作用の発現に寄与する補欠分子族（低分子の有機化合物、NADやFADなど）の構成部分としてエネルギー代謝を促進します。

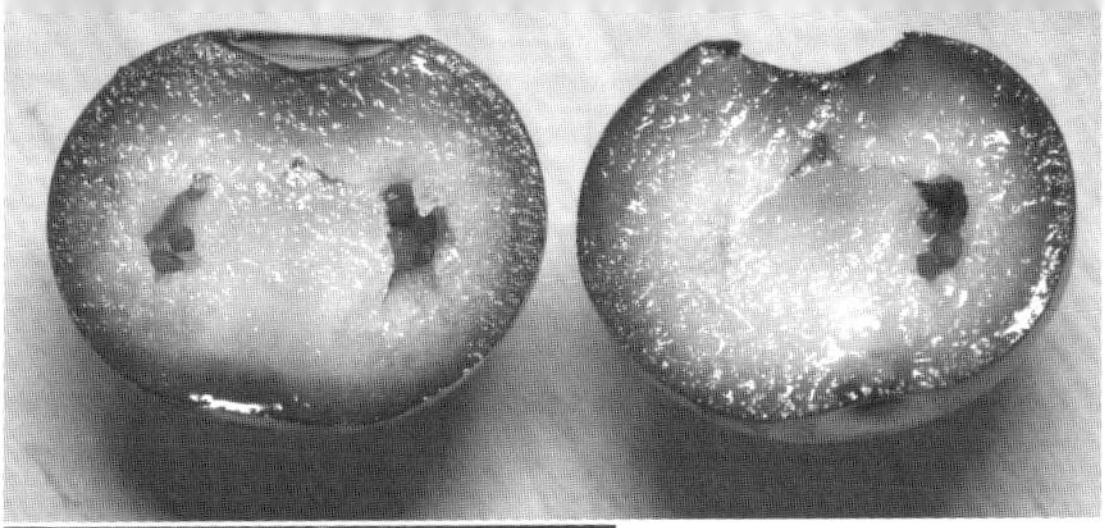

果実の縦断面（上）と横断面。果糖などの一般成分やミネラル（無機質）、ビタミン類、食物繊維を含んでいる

　リンの食事摂取基準（目安量、mg／日）は、70歳以上の男性で１０００mg、女性で８００mgです。リンは、植物性食品から動物性食品まであらゆる食品に含まれているため、通常の食生活では、リン欠乏（脱力感、筋力低下、溶血などの症状が知られている）は起こらないとされています。

　リンは加工食品の食品添加物として多用されているため、むしろ摂り過ぎのほうが問題となっています。摂り過ぎると、カルシウムの吸収や排泄に影響を与えるだけでなく、甲状腺機能の亢進や骨代謝障害の心配があります。とくに腎機能に障害のある人では、尿へのリンの排出量が減るために血液中のリン濃度が上昇します。

　このため、腎臓が悪い人や骨粗鬆症の患者は、リンの摂取量が制限されています。例えば、血液透析の治療を受けている人は、リンの摂取量が1日７００mgを超えないよう指導されています。このような点から、リン含量の少ないブルーベリーはヘルシー果実として高く評価されています。

マンガン（Mn）

　ブルーベリー果実のマンガン含量は、果物のなかでは最も多く、生果１００g中０・26mgです。

　マンガンは、成人の体内には約12mg含まれ、骨に最も多く分布しています。また、肝臓、すい臓、腎臓、毛髪に比較的多く含まれており、糖質や脂質の代謝、タンパク質やDNAの合成にかかわる酵素の補酵素として成長や生殖にかかわっています。さらにマンガンは、スーパーオキシドジスムターゼ（SOD、生体内ではミトコンドリア内に多く分布し、細胞内に発生した活性酸素を分解する酵素）の成分として、抗酸化作用に関与しています。

　マンガンの食事摂取基準（目安量、

mg／日）は、70歳以上の男性で4mg、女性で3・5mgです。マンガンは体内での必要量が少ないため、通常の食事で不足の心配はないとされていますが、不足すると成長阻害や骨格の発育不全、生殖機能障害、低コレステロール欠症、血液凝固タンパク質の異常、糖質代謝の異常が生じます。一方、健康な人では、通常の食生活が原因のマンガン過剰が問題になることはないといわれています。

亜鉛（Zn）

ブルーベリー果実の亜鉛含量は、果物のなかでも少ない水準で、生果100g中0・1mgです。しかし、マンガンと同様に抗酸化作用とかかわる重要なミネラルであることから、ここでその働きについて紹介します。

亜鉛は、成人の体内に約2・3g含まれています。そのほとんどが筋肉と骨中に含まれますが皮膚、すい臓、前立腺などの多くの臓器に存在し、さまざまな酵素の構成要素となっています。

人体内ではその95％以上が細胞内に存在し、100種類を超える含有酵素として働き、DNAやRNAなどの核酸の合成、タンパク質の合成、インスリンの合成や糖代謝、アルコール代謝などに関与しています。また、活性酸素の消去に働くスーパーオキシドジスムターゼ（SOD）の補酵素として、細胞内の抗酸化作用にかかわっています。

亜鉛の食事摂取基準量（推奨量、mg／日）は70歳以上の男性で9mg、女性7mgですが、近年、亜鉛不足が増加傾向にあるといわれています。亜鉛は、舌の表面の味蕾にある味を感じる働きをしており、不足すると味覚障害を引き起こし食欲不振になります。また、成長障害、皮膚炎などを起こし、さらに免疫機能低下、生殖能障害、精神障害なども見られるとされています。

通常の食事による亜鉛の過剰摂取の問題は低いようです。しかし、サプリメントなどで過剰に摂取すると、銅欠乏、貧血、胃の不調などさまざまな健康被害を生ずることが知られており、耐容上限値は70歳以上の男性で40mg、女性で35mgとされています。

ビタミン類と食物繊維

ビタミン類

ビタミンは、他の栄養素（糖質、脂質、タンパク質、ミネラル）とは違い、エネルギーや体組織をつくる成分にはなりませんが、さまざまな生理機能の維持に働き、代謝にかかわっています。しかし、人間の体内ではほとんど合成されないため、健康を維持するうえで食品からの適正量の摂取が必要です。必要量が満たされないと特有のビタミン欠乏症を起こします。

『七訂食品成分表』では、ビタミン類

として、ビタミンA、ビタミンE、ナイアシン、葉酸、ビタミンCなど13種類をあげています。ブルーベリー果実に特徴的なのは、抗酸化ビタミンといわれるビタミンE含量が、生果で食する果実のなかで最も多いことです。また、ビタミンA、ビタミンC、葉酸も比較的多く含まれています。

ビタミンEとAは、水に溶けずに油に溶けやすく、熱に強い性質の脂溶性ビタミンです。一方、ビタミンCと葉酸は、水に溶けやすく熱に弱い水溶性ビタミンです。

抗酸化ビタミンとされるビタミンEを多く含む

ビタミンE

ブルーベリー果実のビタミンE含量は、生果で食する果物では最も多い水準で、生果１００g中、２・３㎎（トコフェロールαとγの合計）です。

ビタミンEは、体内の脂肪組織、心筋、筋肉、肝臓、骨髄、子宮などさまざまな部位の生細胞内小器官の膜、リポタンパク質の重要な構成分です。体内では、さまざまな種類のリン脂質（脳や神経系、血液などに広く分布する）に含まれる不飽和脂肪酸が酸化されるのを防ぐ働きをしています。

この働きが、動脈硬化を予防して血行をよくし、高血圧、心臓病や脳卒中などを防ぎます。ビタミンE自体も酸化されやすく、体内で活性酸素といち早く結びついてこれを消去し、体内の他の成分が酸化されるのを防ぎます。

ビタミンEの食事摂取基準（目安量、㎎／日）は、70歳以上の男性で６・５㎎、女性で６㎎とされています。不足すると細胞膜の脂質が酸化され、細胞膜が壊れやすくなります。赤血球膜が最も壊れやすく、溶血性貧血が起こるので注意が必要とされています。

年をとると、皮膚にしみが増えますが、これは老化色素のリポフシチン（脂肪質の色素）で、過酸化脂質にタンパク質が結合してできた、いわゆる老人斑です。ビタミンEを大量に摂り、過酸化脂質の生成を抑えれば、しみを防ぐことができます。

ビタミンA

ブルーベリー果実のビタミンA含量は果物のうちでは中位の水準で、生果１００g中55㎎（β－カロテンとして）です。

ビタミンAは、目の網膜で光を感ずる物質であるロドプシンをつくるのに必要です。また、皮膚や消化管などの上皮（動物の体表、体腔や器官の内腔の表面などを覆う細胞層）の機能を守り、ウイルスなどの侵入を防ぎます。さらに体の成長を促し、細胞の増殖と分化をコントロールし、免疫力を高める働きをします。

ビタミンAの食事摂取基準（推奨量、μg／日・レチノール活性当量）は、70歳以上の男性で800μg、女性で650μgです。ビタミンAが欠乏すると、暗い所でものを見る機能が低下し、ひどくなると夜盲症になります。また、上皮細胞の角質化が起こって皮膚や粘膜は乾燥し、口腔、呼吸器、泌尿器などの機能低下や感染症への抵抗力が弱くなります。

そのほか、β－カロテンには活性酸素を消去する抗酸化作用があります。脳血管疾患、心筋梗塞、がんなどの生活習慣病の予防に有効です。

ビタミンC

ブルーベリー果実は、ビタミンCを生果100g中9mg含んでいます。

ビタミンCはコラーゲン（動物の骨、軟骨、腱、皮膚などを構成するタンパク質）の生成、毛細管、歯、軟骨、結合組織の機能を高める働きをしています。また、鉄の吸収やビタミンEの再利用、コレステロール代謝に有効です。

ビタミンCの食事摂取基準（推奨量、mg／日）は、70歳以上の男性、女性ともに100mgとされています。不足すると、壊血病や皮下出血をもたらし、コラーゲンの形成低下、プロリン（コラーゲンの成分。アミノ酸の一種）の水酸化反応を抑制します。

また、骨形成不全、成長不全、チロシン・ドーパ（DOPA・3.4－ジヒドロキシフェニルアラニン）反応（体内でのアドレナリン（神経伝達物質）生成には、チロシンのドーパへの酸化が必要）を阻害します。肝臓、腎臓、骨格筋などのカルニチン（筋肉中に含まれる窒素化合物。ビタミン様物質とも呼ばれ、脂肪酸をミトコンドリア内部に運ぶ役割がある）濃度を減少させます。歯肉色素沈殿症はビタミンCの欠乏症です。

ビタミンCは水溶性なので、多くの野菜類は相当量が調理によって失われます。その点、生食される果物はビタミンCの供給源として優れています。

葉酸

葉酸は、野菜類や豆、海藻など広く植物に含まれるビタミンです。ブルーベリー果実には、果物では中位の12μg（生果100g中）が含まれています。

葉酸は、腸内細菌により合成されます。食品に含まれる葉酸は、腸内細菌が合成したものと一緒に吸収され、テトラヒドロ葉酸（H_4葉酸）となり、補酵素として機能します。テトラヒドロ葉酸は、遺伝物質であるDNAの合成や細胞分裂、またホモシステイン（アミノ酸の一種）のメチオニンへの代謝にかかわっています。葉酸不足から血中ホモシステインが上昇すると心疾患のリスクが高まり、また新生児の神経管閉鎖障害の原因となります。

　葉酸の食事摂取基準（推奨量、μg／100g）は、70歳以上では、男性、女性ともに240μgとされています。

　葉酸は、ビタミンB_{12}とともに赤血球の造血作用、皮膚や粘膜を強くする働きもあるので、葉酸が不足すると造血機能が冒され、正常な赤血球がつくられずに巨赤芽球性貧血となります。また、食欲不振、口内炎、出血傾向などが起こります。

表５-２　果実類の食物繊維含有量の比較

（g ／ 100g）

果実類	水溶性	不溶性	総量
オクラ	1.4	3.5	4.9
キウイフルーツ	0.5	2.4	2.9
バナナ	0.1	1.6	1.7
リンゴ	0.3	1.0	1.3
ブドウ	0.1	0.3	0.4
ブルーベリー	0.4	3.7	4.1

（注）１）ブルーベリー品種：ティフブルー
２）日本食品分析センター（1995年）
３）『ブルーベリー全書』日本ブルーベリー協会編（創森社）をもとに作成

食物繊維

　ブルーベリー果実の食物繊維含量は果実では最も多い水準で、総量が100g中4・1g（生果の場合）、可溶性のものが0・4g、不溶性のものが3・7gです（**表５－２**）。

　食物繊維は、「ヒトの消化酵素では消化されない食品中の難消化性成分の総称」と定義されています。かつては、食べ物のかす、とされていましたが、今日では、腸内細菌による分解・発酵を経てエネルギー源になり、また短鎖脂肪酸（酢酸、酪酸、乳酸など、飽和脂肪酸の一種で炭素のつながりが短いもの）に変化してさまざまな生理作用をもたらすことが明らかにされ、第6の栄養素とも呼ばれています。

　食物繊維は、肥満の予防になり腸内環境を整えるので、糖尿病、脂質異常症、高血圧、動脈硬化などさまざまな生活習慣病の予防効果があります。

　食物繊維には、セルロース、ヘミセルロース、リグニン、キチンなどの不溶性のものと、ペクチン、植物ガムなどの水溶性のものがあり、それぞれ効果や生理機能が異なります。

　一般に、不溶性食物繊維は糞便量を増やすなどして便秘解消に効果が大きいとされています。一方、水溶性のものは小腸での栄養素の消化・吸収を抑制したり阻止したりする働きが大きく、血中コレステロールの低下や血糖値の改善などに効果があります。

　食物繊維の食事摂取基準（目標量、g／日）は、70歳以上の場合、男性で19g、女性で17gです。実際の摂取量はこの摂取基準に満たないため、一層、食物繊維を多く摂取するようすめられています。

果実の感覚機能（2次機能）

「濃い青色に象徴されるアントシアニン色素、さわやかで甘ずっぱい風味、ほのかな香り」は、ブルーベリー果実の特徴です。これらの果色、味や香り、おいしさを満足させる感覚機能は、食品の2次機能にあたります。

色素と甘さ

果色はアントシアニン色素

樹上で青色に成熟したブルーベリーの生果はもちろん、ジャムなど各種加工品の青色は、食べる人の目を楽しませてくれます。

ブルーベリー果実のアントシアニン色素は、色素の本体である五つのアントシアニジン（シアニジン、デルフィニジン、マルビジン、ペツニジン、ペオニジン）に、三つの糖（グルコース、ガラクトース、アラビノース）がそれぞれ一つずつ結合して、全部で15種のグルコシドからなります。

果実の甘さ

ブルーベリー成熟果の甘味を示す糖（糖質）は、主に果糖（フルクトース）とブドウ糖（グルコース）で、全糖に対して90%以上を占めています。また果糖とブドウ糖の比率はほぼ一定です。そのほかに蔗糖（スクロース）も含まれます。

ブルーベリー果実のおいしさは、通常、果実の糖含量と酸含量の比率（糖酸比。一般に、全糖／クエン酸含量で示す）によるものです。

糖含量は品種特性の一つですが、成熟段階によっても異なります。糖含量は未熟果で少なく、成熟段階の進行とともに多くなり、完熟果で最高になります（66頁表4－1参照）。

一方、酸含量は糖含量とは逆に、成熟段階が進むと少なくなります。その結果、完熟果の糖酸比が最も高くなり、糖と酸が調和して品種特有のおいしさになります。

酸の働きと果実の香り

果実の酸

ブルーベリー果実の酸の種類は、タイプによって異なります。

ノーザンハイブッシュの酸は、平均して1%前後であり、ほとんどがクエン酸で全酸の83～93%を占め、残りはキナ酸（うまみを出す酸）とリンゴ酸です。このため、ノーザンハイブッシュ果実のさわやかな酸味は主としてクエン酸によるものといえます。

ラビットアイ果実ではコハク酸（少し苦みのある酸味）が最も多く全体の50％を占め、次いで多いのがリンゴ酸で約34％、クエン酸は少なく約10％です。

酸の健康効果

果実の酸は、さわやかな酸味を呈して風味を特徴づける感覚機能とともに、優れた健康効果をもっています。

クエン酸　クエン酸は、人間の体内にも存在する重要な成分です。摂取した食物のエネルギーを活動のためのエネルギーに変えるには、食物を消化、吸収し、複雑な化学反応を経る必要があります。

オリジナルのソースやジャムづくりが可能

クエン酸は、その最終段階でブドウ糖をむだなくエネルギーに転換するために必要です。例えば、クエン酸は疲労物質といわれる乳酸を分解する働きをするため、スタミナ維持に欠かせないことがよく知られています。

また、クエン酸にはカルシウムやマグネシウムなどの吸収しにくいミネラルと結びついて、吸収しやすい形に変える働きもあります。

リンゴ酸　リンゴ酸は、クエン酸回路の働きを活発にします。

コハク酸　コハク酸はクエン酸と同じようにクエン酸回路を構成し、エネルギーの転換に欠かせない成分です。

キナ酸　キナ酸は、少量しか含まれていませんが、体内で馬尿酸《ばにょうさん》（Na-ベンゾイルグリシン）という酸性物質に変わり、細菌の繁殖を防ぎます。このため、キナ酸は膀胱炎や腎盂炎などの尿路感染症を予防する効果が大きいといわれています。

果実の香り

ブルーベリーの生果は、イチゴやリンゴのように食べる前に感知できる特有な香気を発しませんが、喉越しのほのかな香り（芳香）があります。この香気成分は、ノーザンハイブッシュでは100を超える揮発性物質からなり、そのうち主なものは、低分子のエステル類、アルコール類、アルデヒド類、アシリックテルペン類、サイクリックテルペン類などです。

これらの香気成分は、果実の着色（成熟）段階で青色（ブルー）への着色の進行とともに増加して、完熟果では品種固有の特徴的な香りを発するようになります。

果実の生体調節機能(3次機能)

抗酸化成分の評価

食品の働きが三つの機能に区分され、評価されるようになって以降、ブルーベリーは健康機能性成分に富んだ果実として一躍注目され始めました。果実の抗酸化成分の生体調節機能が高く評価された結果によるものです。

生体調節機能にかかわる成分(機能性成分)には多種あります。ブルーベリー果実で最も代表的なのは、ファイトケミカル(植物性化学物質)の主要種であるポリフェノールで、主としてアントシアニン色素、クロロゲン酸、プロアントシアニジンの三つです。

ポリフェノールの働き

ポリフェノールの作用

ポリフェノールの作用と特性

ポリフェノールは、ベンゼン環に水酸基(ヒドロキシル基-OH)が多数結合した構造の化合物です。基本骨格により、フェニルプロパノイド、フラボノイド、リグニン、タンニンなどに分類されます。

水酸基は、活性酸素を捉えて消去する作用があります。このため、すべてのポリフェノールは抗酸化作用を発揮します。さらに、殺菌作用、女性ホルモン様作用、目の機能改善、アレルギー抑制、血行促進、肝機能の強化など、それぞれの種類が独特の機能をもっています。

食品としてのポリフェノールは、渋みやえぐみなどの味覚を呈する成分です。ポリフェノールは水に溶けやすく、摂取してから約30分後には、体内で抗酸化作用を発揮し始めます。

しかし、ポリフェノールの吸収率は低いうえに水溶性のため、多量に摂取してもほとんど吸収されずに排泄されてしまいます。即効性はあっても、その効果は2～3時間しか続かないため、毎食摂取することが望ましいとされています。

ポリフェノールの含量

ブルーベリー果実が強い抗酸化作用をもっていることが、1997年、アメリカ農務省の研究によって明らかにされました。アメリカ産果実と野菜を合わせて43種の生鮮物について調べたところ(ORAC法、酸素ラジカル消去能の測定)、抗酸化作用は、ブルーベリーが最も高い値を示したのでした(図5-1)。

図5－1　米国農務省人間栄養研究所による
果物・野菜の抗酸化作用※の比較

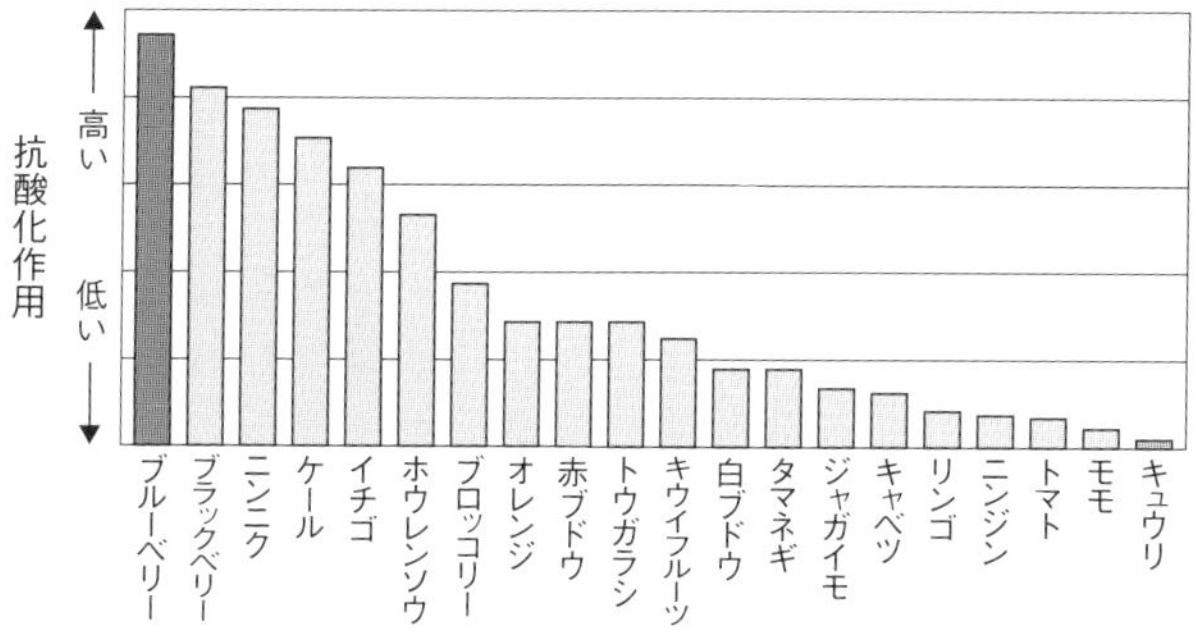

（注）Prior（1998）より抜粋　　※酸素ラジカル吸収能（ORAC）自動分析法による

ブルーベリー果実のポリフェノール含量は、種類によって多少がありますが、全体としてアントシアニン（30〜40%）、クロロゲン酸（30%）、プロアントシアニジン（30%）からなります。そのほか、フラボノール配糖体、カテキンも含まれています。

アントシアニンの作用

アントシアニン色素

アントシアニンは青紫の色素で、ブルーベリーでは果皮に多く含まれます。とくに果皮の青色が濃いものに多く、またアントシアニンは安定しているので、ジャムなどに加熱加工しても壊れません。

アントシアニンは、血圧を上げる酵素の働きを阻害して高血圧を予防します。また、血小板の凝集を防ぎ、毛細血管を保護して力のある血管を保ちます。このためアントシアニンには、動脈硬化や心筋梗塞、脳血管障害の予防に役だち、また肝臓の機能を改善する働きもあります。

「目にいい果実」の代表　アントシアニンを多く含むブルーベリー果実は、「目にいい果実」の代表とされています。アントシアニンは、光の刺激を脳に伝える役割をするロドプシンの再合成を促進して視力回復にすぐれた力を発揮します。ロドプシンは網膜にある色素体で、脳に視覚信号を伝達すると分解され、ふたたび合成されます。この繰り返しによってものを見ることができるのですが、活性酸素の影響や老化などによってロドプシンの修復がスムーズ行われなくなると、ものが見えにくくなります。

また、アントシアニンは毛細血管を強化し、血行をよくするので、視力低下や眼精疲労、網膜の病気などを防ぐ大きな効果があります。

パイロットの証言　ブルーベリーのアントシアニン色素が、「目にいい」とするエピソードを紹介します。

第2次世界大戦中、ブルーベリージャムが大好物で毎日食べるほどのイギリス空軍のパイロットが、夜間飛行や明け方の攻撃で、薄明かりのなかでものがはっきり見えた、と証言。その話から、イタリア、フランスの学者が研究を開始し、ヨーロッパの自生種ビルベリー（Bilberry）のアントシアニン色素に、人の目の働きをよくする効能のあることがわかったとされています。

目にたいする効果についてブルーベリーの仲間（同属）と比べると、栽培ブルーベリーよりもサプリメントの原料として使われているヨーロッパの自生種、ビルベリーのほうが有効です。

また、ブルーベリーが「目にいい」とさまざまな加工品が販売されていますが、実際に医学データが取られているのはサプリメント原料のビルベリーで、残念ながら栽培ブルーベリーではありません。なお、アントシアニン色素については、本章の「ブルーベリー果実の感覚機能（2次機能）」でも取り上げています。

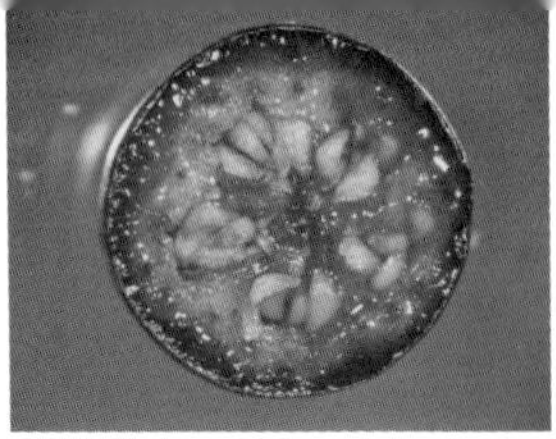

果肉にもアントシアニン色素を含むビルベリー

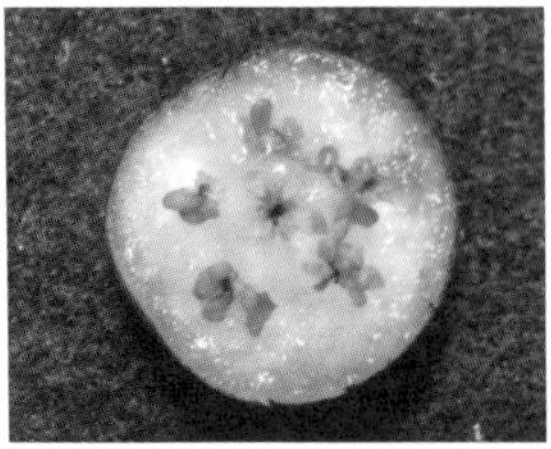

アントシアニン色素を含まない栽培ブルーベリー

クロロゲン酸などの作用

クロロゲン酸

クロロゲン酸はタンニンとよく似た働きをし、鉄イオンの存在下で緑色がかった黒色の化合物になります。ジャガイモやサツマイモの皮、コーヒーなどに多く含まれていますが、ブルーベリーにも含まれています。

クロロゲン酸は、①活性酸素の発生を抑える働きがあり、②がんなどの生活習慣病の予防に有効です。さらに③がんの原因となる細胞の突然変異を防ぎ、発がん物質であるニトロソアミンの発生も抑制します。このようにトリプル効果でがんを強力に防ぎます。

プロアントシアニジン

プロアントシアニジン（縮合型タンニン）は、以前はタンニンと呼ばれていました。タンニンは性質上の名称であるため、現在の化学構造上の物質名で分類する慣例にならい、タンニンのなかでも縮合型タンニンとされたものが、プロアントシアニジンと呼ばれています。

プロアントシアニジンは、イチゴやブドウ、リンゴ、クランベリーなどに多く含まれていますが、ブルーベリーでも主要なポリフェノールです。

プロアントシアニジンの中心となる効能は抗酸化作用で、筋肉疲労の軽減、血流の改善、足の浮腫の予防と改善、美白効果、皮膚のしみやそばかすなどの改善、体臭（加齢臭）の予防、便秘消臭などの効果のあることが知られています。なお、プロアントシアニジンから、加水分解によってアントシアニンが生成されます。

付 章

知っておきたい ブルーベリー知識

ミツバチによる受粉

ブルーベリー栽培を志す人にとって、普通栽培、庭植えや鉢植え栽培など栽培法の違いを問わず、知っておきたい情報があります。その一つは、栽培管理および育てて楽しむ対象である花や果実などの主要な器官の形態的特徴であり、もう一つは日本のブルーベリー栽培の歴史です。

ここでは著者のこれまでの知見をもとに、栽培管理および育てて楽しむ対象である花や果実など、樹の各種器官の形態的特徴と日本におけるブルーベリー栽培の歩みをコンパクトに解説します。

主要な器官の形態的特徴

ブルーベリー樹の芽、枝、葉、花、果実、根など、肉眼で観察できる主要な器官の特徴的な形態について概説します。

芽と枝、葉の特徴

芽の種類

新梢の先端にある頂端分裂組織で、葉や花になる未分化の部分を芽といいます。

芽は、枝上の位置や形態からいろいろに区分されます。

頂芽、側芽（腋芽）

新梢上の芽の着生位置による区分で、枝の先端（厳密には先端の腋芽《えきが》）につくのが頂芽《ちょうが》、それから下位の葉腋につくのが側芽《そくが》（腋芽）です。

頂芽優勢（性）　枝に頂芽と腋芽（側芽）が共存する場合、頂芽がよく発育するのにたいし、腋芽が発育しにくい現象を頂芽優勢（性）といいます。頂芽を除くと腋芽が発育を始めることが多いので、頂芽からオーキシンなど腋芽の発育を抑える物質が出されて作用しているとされています。

定芽、不定芽

新梢上の頂芽と腋芽を合わせて定芽《ていが》といい、そのほかの節の位置が明確でない箇所や枝から発生（伸長）する芽を不定芽といいます。

葉芽

発育して葉や枝のような栄養器官となる芽を葉芽《ようが》（「はめ」ともいう）といいます。ブルーベリーの葉芽は、休眠期に比較すると、新梢上で先端の数節下位から中央部までの葉腋につき、花芽《かが》（「はなめ」ともいう）に比べ、膨らみが少なく縦に細長い形をしています。

葉芽は、休眠期間中複数の芽鱗《がりん》に覆われ、いわゆる冬芽として成長に不適な時期を過ごします。その形は、長さが3～6㎜、幅が2～5㎜で三角形をしています。通常、3月中～下旬になると発芽し、しだいに葉身が縦に丸まって先端が尖った形になります。その縦の丸まっていた葉身は、4月上旬に開き、新梢（春枝）として伸長します。

花芽

展開して花になる芽が花芽です。ブルーベリーでは、新梢の先端（頂生花芽）と、先端から下位数節までの側芽（腋芽）が花芽（側生花芽）になります。これを合わせて頂側性花芽といいます。また、ブルーベリーは花芽と葉芽が別々になる純正花芽で、通常、各節に一つの花芽をつけます。

花芽は、夏から秋にかけて、新梢上に形成されます。外観上は一つに見えますが、芽の内部では多数の小化が形成されているので、春の萌芽、開花時には多数の小花からなる花房として出現します。

一つの花芽は多数の小花からなる

新梢の葉の付着部分が節にあたる

枝の形態と種類

葉をつける器官が枝です。枝は、葉を支え、根と葉との間にあって水分や栄養分の通路となる器管ですが、貯蔵器官としての役割ももっています。

枝の先端部から数節下位までには分裂組織があり、葉の原基を分化します。枝には節《せつ》（「ふし」ともいう）があり、節には葉がつき、その葉腋にも分裂組織が形成されます。

節、節間、葉腋

新梢で、葉の付着している部分を節といい、それ以外の部分を節間といいます。ブルーベリーでは、葉は新梢の節だけにつくため、旧枝（3年生以上の枝）では、節の位置は明確ではありません。

葉腋は、節の基部の葉の付着点中央部のすぐ上に位置し、健全な新梢では葉芽や花芽が分化するところです。

春枝に多い黒い小片ブラックチップ

枝の種類

ブルーベリーには、たくさんの枝の種類があります。

枝の種類については、第3章の「鉢植え樹の仕立ての基本」で取り上げています。

ブラックチップ（黒い小片）　これは、新梢の最先端の葉腋にある1～2㎜の茎組織が、黒い小片に変化したもので、春枝に多く見られます。

鉢植え樹では、普通栽培に比べて春枝の伸長が早く始まるため、ブラックチップの出現は早く、5月中旬～下旬には見られます。この小片はやがて乾燥して萎み、2週間くらいのうちに落下します。このころが、春枝の伸長停止期にあたります。

葉の配列

葉は、一般に枝（茎）に側生する扁平な器官で、発達した同化組織により光合成を営み、活発な物質交換、水分の蒸散などを行っています。

葉序

葉の原基《げんき》（葉や花弁などの器官が形成されるさい、後に分化するように運命づけられている分裂組織）は、一定の規則性をもって分化し、新梢についています。

新梢上の葉の配列の仕方を葉序《ようじょ》といいます。ブルーベリーは、一つの節に1葉がつく単葉《たんよう》で、5分の2の互生葉序（らせん葉序）です。

葉の形状

葉は、通常、葉身、葉柄、托葉《たくよう》の3器官から形成されています。

葉身

ブルーベリーは、1枚の葉身からなる単葉です。葉身は、葉の主要部分で表皮、葉肉、葉脈からなります。

表皮　葉面は、表皮細胞で覆われています。さらにその外側にはクチクラ層が形成され、蒸散《じょうさん》抑制の機能を果たしています。

葉面には、表側（葉の上側）と裏側（葉の下側）があります。表側は葉緑体（クロロプラスト）に富み、光合成を盛んに行います。一方、裏側には気孔が分化していて水分を蒸散しています。

葉肉　葉面の表側と裏側との間の組織を指し、三つの種類からなります。肉眼での観察は困難ですが、組織の一つは、光合成を営む主体である葉緑素を多く含む細長い細胞が葉の表面に直角方向に並んだ柵状組織です。

二つ目は、細胞の形や配列が不規則で細胞間隙には富む海綿状組織で、もう一つは同化産物を貯える貯蔵組織です。

葉脈　葉脈は、葉の維管束であり、水や同化養分の通路であるとともに葉身を支えています。ブルーベリーの葉脈は、主脈、支脈、側脈に分かれて分布する網状脈です。

成葉。主脈、支脈、側脈がある

葉柄、托葉

葉柄は葉の一部分で、葉身と枝（茎）との間に位置し、細くなった部分です。葉身を維持し、養水分、同化物質の通路となります。

托葉は、多くの果樹では概して小さい鱗片で、葉身よりも早く伸長し後続の葉を保護する役割を担っていますが、ブルーベリーにはありません。

成葉の大きさと葉形、葉縁

成葉の大きさ

成葉（十分に展開した葉）の大きさは、基本的にはタイプ（種類）や品種の特性ですから、大葉、小葉、中位葉に区分できます。しかし、葉の大きさは、同一品種でも、光や温度などの自然条件、施肥や灌水などの栽培条件によって異なります。例えば、陰陽樹の葉は陽光樹の葉と比べて、大きく薄くなることはよく知られています。

葉形

成葉の葉形は、大きくは卵形、楕円形、長楕円形の三つに分けられます。

葉縁に切れ込みがない

葉縁が鋸歯状

タイプで比較すると、ノーザンハイブッシュには卵形の品種が多く、ラビットアイには長楕円形の品種が多いようです。

葉縁

葉縁《ようえん》（成葉の周縁の形）は品種特性で、滑らかで切れ込みがない全縁と、のこぎり葉のように細かく切れ込む鋸《きょ》歯《し》の二つに区分されます。ハイブッシュの品種は全縁状であり、ラビットアイの品種は鋸歯状です。

葉色

ブルーベリーの葉色は、1年の成長段階、栄養分、温度などによって異なります。一般的に新梢の幼葉は緑色が淡く、成葉では緑色から濃緑色になります。また肥料、とくに窒素肥料が不足の葉は淡緑色であり、窒素肥料が多いと濃緑色になります。

鉢植え樹で葉色を楽しむのは、なんといっても秋の紅葉でしょう。夏の間緑色であった葉が色づき始めると秋の気配が漂い、秋が深まるとともに鮮やかな紅葉に変化します。

美しいと感嘆するブルーベリーの紅葉は、全国どこでも観賞できます。

花と果実、根の状態

花のつき方と構造

ブルーベリーは、ほとんどが栄養繁殖（挿し木）のため、1年生苗でも花芽をつけ、開花します。

花は、種子植物では有性生殖を行う器官で、通常、葉から変形したがく（萼）、花弁（花冠）、雄《ゆう》ずい（雄《お》しべ）、雌《し》ずい（雌《め》しべ）および花軸から形成されます。ブルーベリーはこれらが全部そろった完全花です。また、一つの花に雄ずいと雌ずいを共存する雌雄同花（両性花）です。

花序、花房

枝上の花（花芽）の配列状態を花序《かじょ》

といいます。ブルーベリーは、1本の花軸が枝分かれして多数の小花《しょうか》からなる花房《かぼう》をつける総状花序です。

ブルーベリーの花芽分化は、通常、新梢の先端から始まり、しだいに先端の側芽（腋芽）に及びます。同一花房内での小花の形成は、花軸の下方（基部）から上方（先端）に向けて進む無限花序で、求頂花序です。

一花房内の小花数は、一般に、新梢の先端の花芽で多く、先端から節位が下がると少なくなります。

品種によっては、副花芽による2次花房をつけます。副花芽は1次花房よりも小形で、小花数が少なく、開花は遅れます。

同一花房の小花は基部から先端部へと順に開花する

図1　ブルーベリーの花の構造（断面図）

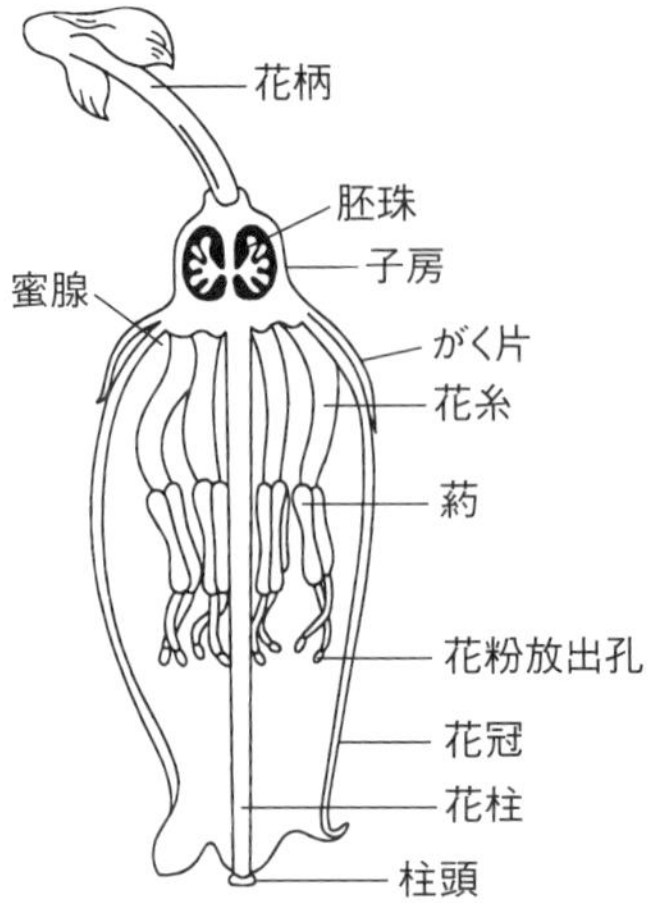

（出所）Williamson, J. and P. Lyrene (1995)

小花の構造

小花は、花柄《かへい》、がく、花冠、雌ずい、雄ずいから形成されます（**図1**）。

花柄　花房内で、花軸から枝分かれして小花をつける茎を花柄といいます。通常、一つの花柄に1個の小花をつけます。

がく　がくは、花のいちばん下方(外)に発生する花葉(花芽の形成過程で葉の変形によって分化した器官)の集まりで、普通葉に近い形質をもち、多くは緑色で主脈を有します。

がくは、四つ～五つの切れ込みのある筒を形成して子房に着生し、成熟しても果実上に残ります。

花冠

がくの上側に位置して発生する裸花葉の集まりを、花冠《かかん》といいます。ブルーベリーでは花弁が結合して花冠となり、頂部に四つ～五つの切れ込みがあります。

花冠の大きさは、大形、中形、小形の三つに分けられ、品種によって異なります。

花冠の形は、満開時の状態から、つぼ形、鐘形、筒状（管状）形の三つに分けられます。多くの品種は、つぼ形あるいは筒状形の花冠です。

つぼ形は、花冠の上部がつぼのように細くくびれ、くびれた部分から裂片が開出しています。鐘形は、花冠の長さが直径の約2倍以下であり、筒状ないし上に向かって少し広がっています。筒状（管状）形は、細い花冠筒と微小な裂片からなります。

花冠の色は、満開時の観察では、ほとんどの品種が白か淡いピンクです。つぼみの段階では、品種によっては紅色を呈します。

雌ずい

雌ずいは、複数個の心皮が合着して袋状の構造となり、胚珠《はいしゅ》を包み込んでこれを保護し、雌性の生殖器官として受粉・受精に直接かかわっています。通常、1個の子房、柱頭、花柱から形成されています。

子房　雌ずいの基部にある数枚の心皮が癒合した袋状（膨らんだ部分）の器官で、胚珠を入れる部分です。四つ～五つの子室があり、中に種子となる胚珠が数十粒含まれています。

子房は受精後発達して果実（真果）となり、胚珠は種子となります。

柱頭　雌ずいの最上端にあり、花粉の付着する場所です。通常、開花すると粘液を分泌して受粉に適した状態になります。

花柱　子房と柱頭をつなぐ部位で、柱筒形をしています。柱頭で発芽した花粉管は、この花柱を通って子房に届きます。ブルーベリーは花柱が雄ずいよりも長いのが特徴で、柱頭が花冠から突き出ている品種もあります。

雄ずい

雄ずいは、花冠の内側に輪生し、細長い花糸と、その先端にあって花粉を含む葯《やく》からなる雄性の生殖器官です。

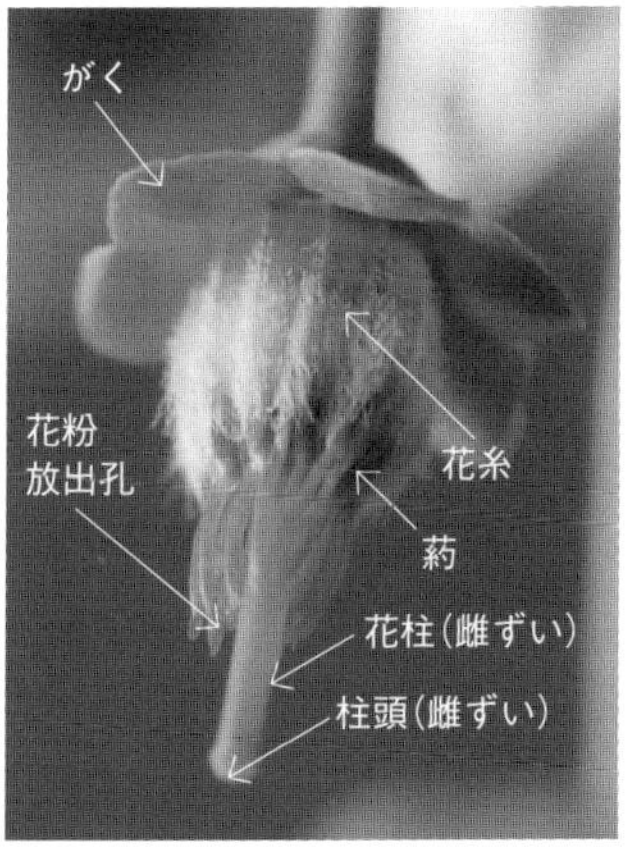

柱頭は花冠の基部に差し込まれている

花糸　雄ずいの葯を支える部分です。ブルーベリーでは、糸状で雌ずいの花柱よりも短く、数は8～10個です。花糸の周囲には毛が生えています。

葯　花糸の先端にあって花粉をつくり、貯めておく袋状の部分です。葯の上半部は二つの管あるいは小突起からなり、小突起の先端には花粉が放出される孔があります。葯の下半分は毛で覆われた袋状になっていて、花粉粒を蓄えています。

花粉　葯内に多数形成される雄性の生殖細胞（染色体数は半数）、あるいはそれが発生を開始した雄性配偶子です。花粉の形状は肉眼では判別できませんが、顕微鏡観察では四分子で、立体的（四面体型）に集合しています。すなわち、一粒に見える花粉は4個の花粉の塊です。

果実の構造

受粉、受精を経て、種子の発育とともに子房を中心とする組織が果実に成長します。

ブルーベリーは、小花が一つの子房をもち、子房の部分だけが肥大してできる真果《しんか》です。また、1個の子房に由来する単果です。成熟すると果皮（外果皮）の内側の果肉部（中果皮または内果皮）の細胞がほとんど液胞で占められ、多量の果汁を含み軟化する液果（しょう果）です。

果房、果軸

ブルーベリーの花は多数の小花をつけた花房ですから、果実も果房につきます。したがって、花房の花軸は果房の果軸になり、小花の花柄は果柄《かへい》になります。

果実の外部形態

果実（成熟果）の外形は、通常、大きさ（果径）、果形、果粉（ブルームbloom）、果柄痕の状態などを指します。いずれも、品種特性の比較に用いられる重要な形質です。

果実の外形（外観）が観賞の対象になるのは、主として、着色段階から成熟する期間の果皮色の変化です。

なお、果実の着色段階については、第4章の「夏（6～8月）の生育と栽培管理」で取り上げています。

果実の大きさ、果形　果実の大きさは、灌水や施肥、受粉、剪定などの栽培管理によって変化しますが、基本的に品種特性です。通常、果実の横径から、小・中・大・特大の四つに区分されます。

果形は果実を側面から見た形で、円形と扁円形に大別されます。大半の品種は扁円形です。

果粉（ブルーム）　ブルーベリーの成熟果は、表面が白粉状のろう（蝋）質（ワックスwax）で覆われています。このろう質が果粉（ブルーム）と呼ばれるもので、表皮と下皮層にあるアントシアニン色素の上面を被覆しているため、ブルーベリー果実の特徴である明青色から暗青色を呈します。

果粉は、果面からの水分蒸散の抑制や撥水、光の反射などに役だっています。

果柄痕　果実が成熟して果柄が取れた跡を果柄痕といいます。果柄痕の大きさと乾燥の程度は、収穫後の果実品質を左右する重要な形質で、品種特性の一つです。

果柄痕は、大きさから小・中・大の三つに、乾燥の程度からは乾燥と湿潤に分けられ、評価されます。

果実の内部構造

ここでは、ブルーベリー果実の断面から、その特徴的な内部構造を示します（**図2**）。果実は、発生学上は葉が変形したものです。

果皮　果肉をかぶっている皮を、果皮といいます。果皮は、植物学的に

図２　果実の構造（横断面）

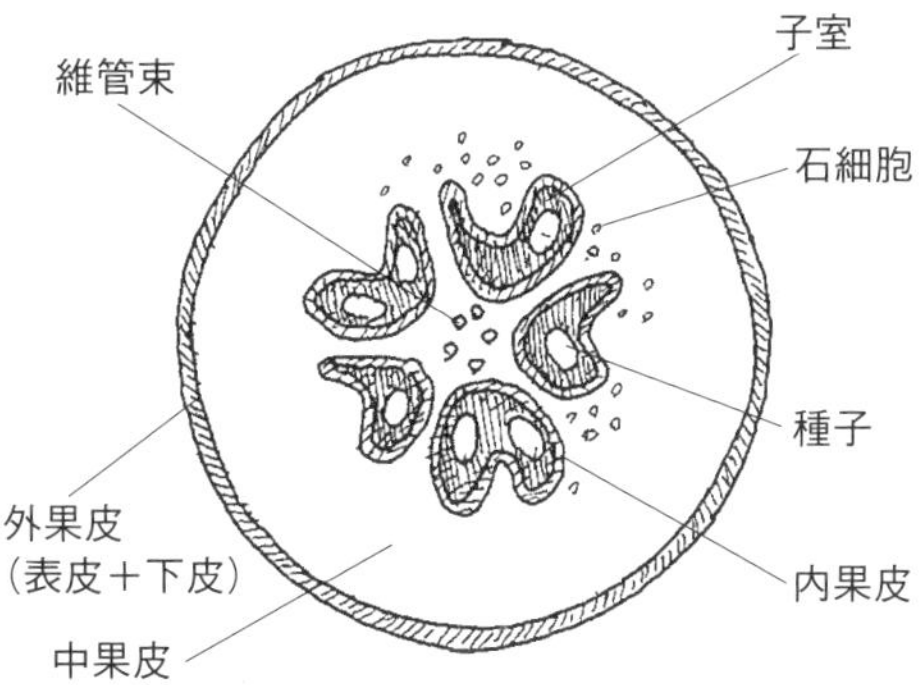

（注）Eck and Cilders（1966）をもとに加工作成

は、外側から外果皮《がいかひ》（表皮：葉の表面に相当）、中果皮（果肉：葉の葉肉に相当）、内果皮（子室の膜：葉の裏側に相当）の順に構成されます。

果肉　中果皮が果肉です。ブルーベリーは真果ですから、果肉は子房壁が変形肥大したものです。

果肉は多数の柔細胞からなり、多量の水分、糖類、有機酸などを含んでいます。

胎座　子房内で胚珠がつく部分を胎座と呼びます。ブルーベリーでは、果実の中央部に、四つ～五つの心皮と多数の種子が着生するリグニン質の胎座があります。

子室　子房内の胚珠の周辺部には、将来、胚珠が種子として発達するための空間があり、この空間を子室《しつ》といいます。子室中に１００粒あるいはそれ以上の多数の胚珠が含まれています。

種子の形状

受精した胚珠は、発育して種子になります。

成熟果は50～60粒の種子を含んでいますが、小さくて軟らかいため、食べるさいに口の中でじゃまに感じることはほとんどありません。

種子は、外観的には種皮の形状しか観察できません。種子の表面にはピット（pit）と呼ばれる多数のくぼみがあり、全体が網目模様を呈しています。

種皮の色は、暗褐色か黄褐色です。暗褐色は大粒の種子に多く、黄褐色は小粒種子に多く見られます。

双子葉

ブルーベリーは双子葉《そうしよう》植物です。種子の内部構造は肉眼では観察できませんが、子葉は胚軸の上端につき、種子

種子の大小

ブルーベリーは双子葉植物

が発芽するさいに最初に展開する葉で2枚（双子葉）です。

発芽後、地上で左右に展開する地上性子葉ですから、葉緑素を有して光合成を行い、自身の貯蔵物質とともに遅れて分化、発育する本葉《ほんよう》（「ほんば」ともいう）に栄養を補給します。しかし、子葉は本葉の成長に伴って役割を終え、やがて落下します。

ちなみに、子葉は、まず幼根が発芽して培地に定着した後に発芽します。

根は繊維根（ひげ根）で根毛がない

根の状態

通常、根の形状は観て楽しむ対象ではありませんし、観察する機会もありません。しかし、鉢植え栽培では、植えつけ時とその後2年に1回、春か秋に、大きいサイズの鉢に植え替え（鉢替え）するので、根の成長状態を観察することができます。

根群

果樹の場合、土中での根の分布状態を根群といいます。ブルーベリーは浅根性なので、普通栽培の成木でも根群域が浅くて狭く、ほとんどの根は、横は樹冠の範囲内、深さは20～30㎝の範囲に分布しています。

鉢植え樹の場合、根群の発達は鉢内に限られるため、根と鉢の内面の境を回るように伸長します。

根の形状

ブルーベリーには高木性果樹のような主根《しゅこん》（直根）や支根（側根）と呼ばれる根はなく、繊維根（ひげ根）と呼ばれる根だけです。便宜的に、細根《ほそね》と太根《ふとね》に区分されています。

繊維根（ひげ根） 多数の細い根が束生してひげ状になった根を、繊維根（ひげ根）と呼びます。ブルーベリーは代表的な繊維根の果樹です。

繊維根は太さが直径50～75㎛（ミクロン）で、水や無機栄養分を吸収する働きをしています。しかし、根毛がないため、根の養水分吸収力や伸長力は弱いとされています。

根の先端付近には根端分裂組織があり、その組織が細胞分裂することで根が成長します。

太根、細根 栽培上、根は太さ（直径）別に、太根と細根に区分されます。

太根は太さが11㎜以上のもので、木化して樹体を支え、さらに貯蔵根として栄養分の貯蔵機能を果たしています。

細根は、太さが1㎜くらいまでの細い根で、主に水分や栄養分の吸収を担っています。

日本のブルーベリー栽培の歩み

日本のブルーベリー栽培は、現在では、北海道から沖縄まで全国各地に普及していますが、その道程はけっして平坦ではありませんでした。

そこには、戦後の日本に新しい果樹としてブルーベリーを導入し、栽培を定着させるという先駆者の壮大な夢があり、たゆまない努力によって立ちはだかる幾多の困難を克服してきた70年に及ぶ発展の歴史がありました。

ブルーベリーの導入

ブルーベリーが日本の公立機関に初めて導入されたのは、1951年（昭和26年－サンフランシスコ講和条約が締結された年）でした。当時の農林省北海道農業試験場がアメリカ、マサチユーセッツ州立農業試験場からハイブッシュ（現在の区分ではノーザンハイブッシュ）を入手しています。

その後、品種の導入は1970年代まではすべて公立機関によるもので、ハイブッシュは農林省特産課（1952年）、福島県園芸試験場（1954年）、京都府立大学（1956年）、北海道大学（1961年）によって、ラビットアイは農林省特産課（1962年）、鹿児島大学（1978年）によって行われていました。

1980年代になると、公立機関による導入は、そのほとんどが東京農工大学によって行われてきました。また、1980年代中ごろから民間の種苗業者による導入が始まりました。現在では、ほとんどの導入品種は、種苗業者の手によるものです

栽培の発展過程

ここでは、ブルーベリーの導入から今日までの70年間に及ぶ栽培普及の歩みを、とくに栽培面積の拡大の面から三つの時期に分けて概説します。

第1期（1950～1970年代）

第1期は、概観すると、主として品種の導入とともに栽培の基礎となる品種特性調査の時代でした。

先人の努力によって調査・研究の結果が蓄積し、苗木が市販されて経済栽培の条件が整いましたが、経済栽培が始まったのは遅く、導入後18年を経た1968年のことでした。

品種特性の調査いろいろ

1955年、福島県園芸試験場の岩垣駛夫は、日本で最初の調査報告となる「ブルーベリーの品種試作」を発表しています。

1962年になると、木村光雄（京都府立大学）によって「ハイブッシュブルーベリー数品種の特性」が、1965年には宮下揆一（北海道農業試験場）によって「ハイブッシュブルーベリー9品種の特性」が報告されています。それらは、原産国のアメリカとは異なる日本の気象条件や土壌条件の下で、ブルーベリー栽培を定着させるために必要な基礎的調査でした。

　その後、岩垣は東京農工大学に転じ、1964年から、日本にブルーベリーの経済栽培を定着させるという観点から「ブルーベリーの生産開発に関する研究」に着手しています。研究は、農林省特産課の加藤要から贈られたラビットアイの「ウッダード」、「ホームベル」、「ティフブルー」の3品種を用いた〝成らせる（結実）〟、〝増やす（繁殖）〟、〝売る（販売）〟の分野からなる内容でした。

「日本のブルーベリーの父」とされる東京農工大学の岩垣駛夫教授（中央、1970年代初め）

経済栽培の始まり

　日本で初めてのブルーベリー（主としてラビットアイ）の経済栽培は、1986年、東京都小平市の島村速雄によって始められました。1971年になると、ノーザンハイブッシュの経済栽培が長野県信濃町の伊藤国治によって始められています。前掲の島村と同様に、それ以降における日本のブルーベリー栽培のモデルとなりました。

　1970年代の半ばからは、岩垣が中心となって進めてきた品種特性、繁殖方法、受粉・結実、果実の成長などに関する多くの研究成果が発表されています。

　こうした研究成果の下に、経済栽培に必要な基礎資料がそろい、また、種苗業者から苗木が販売されるようになって栽培普及の体制が整ったのでした。さらには、1974年、農林省北海道農業試験場と北海道立農業試験場から共同で刊行された「ハイブッシュブルーベリーに関する試験成績」は、寒冷地における栽培普及に大きな力となりました。

　しかし、栽培普及の進度は依然として鈍く、全国の栽培面積が1haになったのは、導入後25年を経た1976年のことでした。

第2期（1980〜2000年代）

　第2期は、栽培普及の内容に大きな変化が見られた年代でした。1980年代は、〝ブルーベリーブーム〟といわれるほど急激に普及していますが、1990年の前半になると栽培上および経営上の問題点が表出して、一時、栽培面積は減少に転じています。

しかし、１９９０年代の後半からは、ブルーベリー果実の健康機能性が注目され果実消費が拡大したことから栽培が復興し、栽培面積（**図3**）も増大し始めました。

１９８０年代半ばは「ブルーベリーブーム」

１９８０年代に入ると、水田転作や中山間地における転換作物の選定、農業者による新しい作目への模索などを背景として、各地でブルーベリー栽培への機運が高まりました。

図3　1976年から2009年までの日本のおけるブルーベリー栽培面積の推移

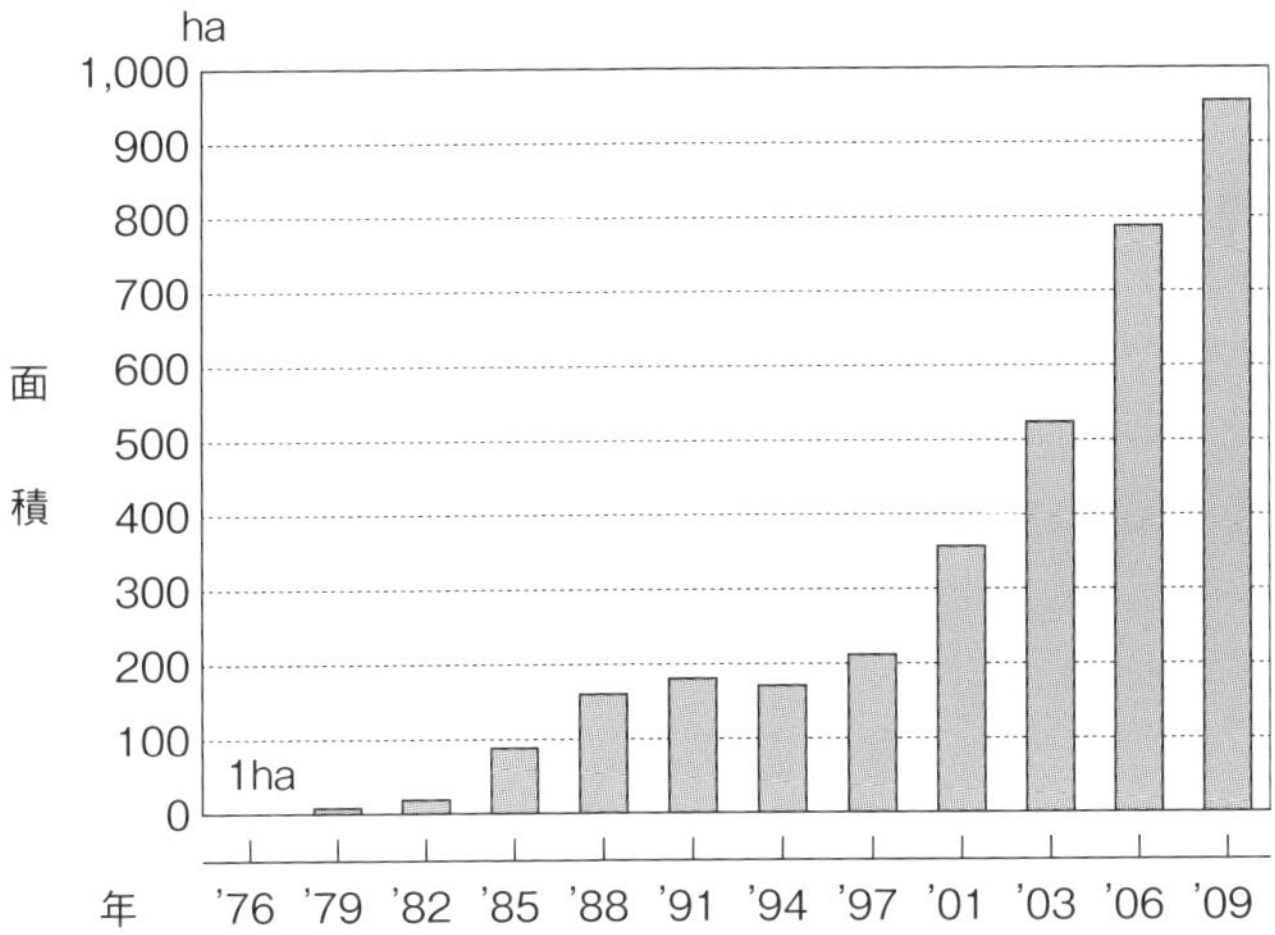

（注）農水省ホームページ（2019）をもとに作成

１９８４年には、岩垣を中心にブルーベリーの研究・普及に携わっていた人たちによって『ブルーベリーの栽培』（誠文堂新光社）が刊行されています。著作は、それまでの研究成果を集大成したもので、以降におけるブルーベリー栽培の普及・生産振興のバイブルとなりました。

その結果、１９８０年に９haに過ぎなかった栽培面積が、１９８５年には91haになり、１９８８年には１６３ha（１９８０年の約18・1倍）にまで急激に増大しています。いわゆる〝ブルーベリーブーム〟といわれた時代です。主要な果樹と比較して小面積に過ぎませんでしたが、その普及速度から、一躍、注目される新しい果樹になったのでした。

１９９０年代は停滞から再度発展へ

１９９０年代になると、栽培に成功した経営体および特産地が全国各地に生まれました。

その一方で、樹の成長が悪い、収穫量が少ない、果実は生食して酸っぱく糖度が足りない、果実の食べ方（生食のほか加工品など）がわからない、販売が難しいなどといった栽培上、利用や流通・販売上の課題を抱えた園地の事例が多く見られようになりました。このような状況から、１９９１年に１８３haであった栽培面積が、１９９４年には１７２haに減少しています。

衰退の方向を回復軌道に導いたのは、１９９４年に設立された「日本ブルーベリー協会」（初代会長は鹿児島大学名誉教授・伊藤三郎）による啓蒙活動でした。

とくに、同協会の主要な活動であった全国産地シンポジウムや果実の健康機能性シンポジウムが、マスコミで広く紹介された影響は非常に多大でした。なかでも、「目にいい」という機能性が注目された結果、果実の消費が拡大し、栽培者の栽培意欲が刺激されて面積の増大につながりました。

また、同協会編の『ブルーベリー～栽培から利用加工まで～』（創森社、1997年発行）は、新しい栽培指導書として栽培普及に非常に大きな役割を果たしました。その結果、栽培面積は回復に転じ、1997年には212haに増大しています。

2000年代は再度大きく発展

2000年代は、栽培面積および収穫量がともに大きく増大した時期でした。2006年には栽培面積が698ha、収穫量は1461tとなり、2009年には、それぞれが954ha、2260tにまで増加しています。

その理由は、一つは樹や果実形質の優れた新品種の導入によるもので、とくに果実が大きい、風味がよい、日持ち性があるなどの優れた果実形質の品種を栽培した観光園経営が増加したことです。

もう一つは、ブルーベリーが生活習慣病の予防効果の高いアントシアニン色素や他のポリフェノールを多く含むヘルシー果実として消費者に広く評価され、消費が拡大して、栽培者の栽培意欲が高まったことでした。

優れた品種導入などによって観光農園が増加

第3期（2010年から現在まで）

第3期は、前半が栽培面積の増加傾向が鈍り、後半になるとはっきりと減少し始めていると特徴づけられるようです（**表1**）。

栽培面積と収穫量

2010年の栽培面積は1041ha、収穫量は2259tとなり、前年よりも増加しています。しかし、2011年には、栽培面積の増加傾向が鈍っています。この2011年は未曾有の災害といわれた東日本大震災があり、ブルーベリー栽培者を含めて農業者、東日本の多くの住民が、地震・津波・放射能汚染という「三つの災難」を被災したのでした。

2012年になると、栽培面積（1126ha）、収穫量（2698t）ともに増加しますが、2013年になると増加傾向がなくなります。2015年以降は、栽培面積、収穫量ともに減少に転じ、2016年（2019年公表）の栽培面積は1068ha、収穫量は2476tでした。

2017年以降の統計はまだ（2019年8月現在）公表されていませんが、日本のブルーベリー栽培は、2015年以降、停滞から衰退期に入ったのではないかと危惧されます。

表1　2010年以降における日本のブルーベリー栽培面積、収穫量の推移

年	栽培面積（ha）（比率）	収穫量（t）[1]（比率）[2]
2010	1,041（100）	2,259（100）
2011	1,041（100）	2,452（109）
2012	1,126（108）	2,698（119）
2013	1,133（109）	2,700（120）
2014	1,136（109）	2,748（122）
2015	1,102（106）	2,547（113）
2016	1,068（103）	2,476（110）

（注）1）農水省ホームページ　2019
2）2010年の実績を100とした場合の比数（伸び率）

海外産生果の輸入

ブルーベリーが〝目にいい果実〟、〝生活習慣病の予防効果が高いヘルシー果実〟として、消費者の関心が高まって以降、海外産の生果（冷凍果実）は、年間を通して販売されています。

生果の輸入量は、2011年以降、年間約1850t前後で推移していて、国内産果実の不足分を補っています。例えば2016年の場合、1918tの生果が輸入されていますが、この量は同年の日本の収穫量2476tの77・5%に相当します。

輸入国は、固定しつつあるようです。2016年の場合、主要国はアメリカ（754t）、メキシコ（628t）、チリ（487t）、カナダ（35t）、ポーランド（12t）などでした。これらの国からの輸入月は、チリからは9月から翌年の3月、メキシコからは9月から翌年の6月までで、主として日本の端境期です。

これにたいして、アメリカからは4～10月、カナダからは7～8月で、大半は日本の収穫期（主として5～8月）と重なっています。

海外産冷凍果実の輸入

ジャムやジュースなどのブルーベリー各種加工品は、その原料のほとんどを海外産の冷凍果実に依存しています。冷凍果実は、大半がワイルド（野生）ブルーベリーと呼ばれるアメリカ北東部からカナダ南東部諸州にかけて自生しているローブッシュです。近年における輸入量は明らかでなく、年間2万tくらいで推移していると思われます。

栽培ブルーベリーも冷凍果で輸入され、冷凍果のままで販売されるほか、各種の製品に加工されていますが、その量は定かではありません。

さらなる栽培振興のために

前述したように、日本のブルーベリ

ー栽培面積と収穫量は、２０１３年以降、停滞傾向から減少に転じています。この傾向が今後も続き、ブルーベリー栽培はさらに衰退するのではないか、と不安を覚えます。栽培面積が減少している背景の整理と克服策は、地域や全国的な組織で検討されていることでしょう。

表２　2011 年以降における日本のブルーベリー生果の消費の推移

年	国内生果の収穫量（t）1)（比率）3)	海外産生果の輸入量（t）2)（比率）3)	消費量（t）（比率）3)
2011	2,452（100）	1,833（100）	4,285（100）
2012	2,698（110）	2,271（124）	4,969（116）
2013	2,700（110）	1,919（105）	4,619（108）
2014	2,748（112）	1,830（ 99）	4,578（107）
2015	2,547（104）	1,730（ 94）	4,277（100）
2016	2,476（101）	1,918（105）	4,394（103）
2017	—	1,795（ 98）	—
2018	—	1,832（100）	—

（注）１）農林水産省　2019　ホームページから引用
２）財務省　2019　ホームページから引用
３）2011 年の実績を 100 とした場合の比率（伸び率）

　ここで一つの試算をしてみます。２０１１〜２０１６年までのブルーベリー生果の国内消費量（国内産の収穫量と海外産生果の輸入量の合計）は、６年間の平均で４５２５ｔ（最多は２０１２年の４９６９ｔ、最少は２０１５年の４２７７ｔ）でした（**表２**）。この平均値は、日本国内の消費量が限界に近いのか、あるいは供給量に見合った消費量であるのか、その判断は難しいところです。

　ちなみに平均値である４５２５ｔの生果をすべて日本国内で生産するとした場合、単純に10a当たりの収穫量を２５０kg（２０１６年の平均収量は２３１kg）として計算すると、必要な栽培面積は１８１０haとなります。

　冷凍果実も国内生産で賄うとすると、必要な栽培面積は２５００haを超えると推測できます。この推測値から日本のブルーベリー果実の生産は、今後も発展の余地があると期待できます。

　果実生産の拡大は、基本的に国内の果実消費量の増加につながる栽培者の努力にかかっています。それは「消費者の求める嗜好・志向に応える果実を生産する努力」と要約できます。

　具体的には、今後さらに進行する少子高齢化社会にあって、①樹や果実形質の優れた品種の導入、②地域の立地条件を活かした栽培技術の確立、③果実の利用用途を広げる商品開発、④果実の栄養成分と健康効果の訴求、です。

　このような努力の先に、日本のブルーベリー栽培のさらになる振興があるはずです。

◆主な参考・引用文献

Austin, M.E. (1994) Rabbiteye blueberries. AGSCIENCE, Inc. Auburndale, Fla.

Ballinger, W. E. and L. J. Kushman (1970) J. Amer. Soc. Hort. Sci. 95: 239-242.

Childers, N. F. and P. M. Lyrene eds. (2006) Blueberries for growers, gardeners, promoters. N, F, Childers Publications. Gainesville, Fla.

Coville, F. V. (1910) Experiments in blueberry culture. USDA Bull. 193.

独立行政法人 農業・生物系特定産業農業技術研究機構（編著）(2006) 最新農業技術事典. 農文協.

Eck, P. and N. F. Childers eds. (1966) Blueberry culture. Rutgers Univ. Press. New Brunswick, NJ.

Eck, P. (1988) Blueberry science. Rutgers Univ. Press. New Brunswick, NJ.

藤原俊六郎他 (2012) 新版土壌肥料用語事典 (第2版). 農文協.

Galletta, G. J. and D. G. Himerlric eds. (1990) Small fruit crop management. Prentice Hall. Englewood Cliffs, NJ.

Gough, E. R. (1994) The highbush blueberry and its management. Food Products Press. Binghamton, NY.

Hancock, J. F. eds. (2008) Temperature fruit crop breeding. Springer Science +Business Media BV. Dorderecht, the Netherlands.

Himelrick, D. G. et al. (1995) Alabama cooperative extension system. Aurburn Univ. ANR-904.

廣田伸七 (編著) (2009) ミニ雑草図鑑 (第11刷). 全国農村教育協会.

Huang, Y. H. et al. (1997) J. Amer. Soc. Hort. Sci. 122 :616-624.

伊藤三郎 (1994) 果実の科学. 朝倉書店.

岩垣駛夫・石川駿二（編著）（1984）ブルーベリーの栽培. 誠文堂新光社.

JC総研 (2016) 野菜・果物の消費行動に関する調査結果の概要 報道発表資料. ホームページ.

香川明夫（監修）(2018) 七訂 食品成分表. 女子栄養大学出版部.

国立天文台（編）(2014) 理科年表 (87冊). 丸善.

Kalt, W. (2001) Health functionality phytochemicals of fruit. Horticultural reviews. Vol.27 :269-315.

Korcak, R. F. (1989) Horticultural review 10: 183-227.

厚生労働省 (2018) 日本人の食事摂取基準 (2015年版). ホームページ.

Lyrene, P. M. (1997) The brooks and olmo register of fruit & nut varieties(third edition) − blueberry. ASHA Pres. Alexandoria UA. 174-188.

Lyrene, P. M. and M. K. Elenfeldt (1999) HortScience 34: 184-185.

間苧谷徹ら (2002) 新編果樹園芸学. 化学工業日報社.

松本正雄ら（編）(1989) 園芸事典. 朝倉書店.

中川昌一 (1982) 果樹園芸原論—開花・結実の生理を中心にして—. 養賢堂.

中嶋洋子（監修）(2016) 改訂新版 栄養の教科書. 新星出版社.

日本ブルーベリー協会（編）(1997) ブルーベリー ～栽培から利用加工まで～． 創森社.
中嶋洋子・蒲原聖可（監修）(2017) 最新栄養成分事典． 主婦の友社.
中村丁次（監修）(2015) 栄養の基本がわかる図解事典．成美堂出版.
日本ブルーベリー協会（編）(2005) ブルーベリー全書 ～品種・栽培・利用加工～． 創森社.
日本ブルーベリー協会（編）(2000) 家庭果樹ブルーベリー ～育て方・楽しみ方～． 創森社.
日本ブルーベリー協会 (2001) ブルーベリー導入 五十年のあゆみ． 日本ブルーベリー協会.
根本幸夫ら（監修）(2018) 最新食べて治す医学大事典．主婦と生活社.
農林水産省 (2019) ブルーベリー栽培面積・収穫量．ホームページ.
Pritts, M. P. and J. F. Hancock eds. (1992) Highbush blueberry production guide NRAES Cooperative Extension. NRAES-55.
Prior, R. (1998) Antioxidant Capacity and Health Benefits of fruit and Vegetables: Blueberries, the Leader of Pack. (私信)
Prior. R. L. et al. (1998) J. Agri. and Food Chemistry. 46: 2686-2693.
Retamales, J. B. and J. F. Hancock (2012) Blueberries. CABI. Cambridg, Fla.
Ross, A. Catharine ら（編）、 稲葉暢也 ・ 中屋豊（総監訳）、佐々木勉 ・ 田中清（監訳） (2018) ロス医療栄養科学大事典．西村書店.
清水建美 (2003) 図説植物用語集. 八坂書房.
食品総合研究所（編集）(2001) 食品大百科事典．朝倉書店.
志村勲ら (1986) 園芸学雑誌 55：46-49.
志村勲（編著）(1993) 平成4年度種苗特性分類調報告書（ブルーベリー）〔平成4年度「農林水産省農産園芸局」種苗特性分類調査委託事業〕. 東京農工大学農学部園芸学教室: 57.
玉田孝人 (2009) ブルーベリー生産の基礎． 養賢堂.
玉田孝人・福田俊 (2007) 育てて楽しむブルーベリー 12か月．創森社.
玉田孝人・福田俊 (2011) ブルーベリーの観察と育て方．創森社.
玉田孝人 (2014) 基礎からわかるブルーベリー栽培． 誠文堂新光社.
玉田孝人・福田俊 (2015) 図解 よくわかるブルーベリー栽培．創森社.
玉田孝人 (2018)）ブルーベリー栽培事典．創森社.
東京都中央卸売市場 (2018) ブルーベリー市場統計．ホームページ.
津志田藤二郎 (1997) ブルーベリーの生理的な機能性． 食品工業. Vol. 40(16): 34-39.
Williamson, J. E. et al. (1995) Journal of Small fruit and Viticulture 3: 203-218.
Williamson, J. and P. M. Lyrene (1995) Commercial blueberry production in Florida. Cooperative Extension Service, SP-179.
Young, G. S. (1952) Proc. Amer. Soc. Hort. Sci. 59: 167-172.
財務省 (2018) ベリー類輸入量．ホームページ.

葉芽（左）と先端の花芽（2個）

あとがき
～謝辞～

本書を執筆した直接の動機は、私事になりますが腎不全が進行して血液透析の導入が決まったことでした。著者は、２０１８年の夏から血液透析を受けています。当年（２０２０年）満80歳を迎えますが、73歳（２０１３年）の秋、重症度がＧ４の高度低下期で下限レベルの慢性腎臓病（原疾患は腎硬化症）と診断されました。その重症度の段階になると腎機能の回復は困難であり、やがて血液透析にまで進行すると知り、挫折感に襲われ、人生の終わりを想像して不安と恐怖に襲われました。

数週間を経てようやく心が落ち着き始め、「人生の整理をしておこう」という気持ちが芽生えました。通院治療の下で、生活習慣（とくに食生活）を改めて、腎機能の悪化の進行速度を抑えて少しでも透析開始時期を遅らせることを優先していたのですが、最初の診断から6年目にとうとう透析治療を受けることになりました。

＊

覚悟していたはずですが、現実に透析導入を告知されて、またもや頭の中は不安と恐怖で大混乱。自分は、「人工腎臓の力で生かされるのか」、「生きている価値があるのか」、「余命は何年か」などという思いが交錯しました。

しかし、比較的短期間のうちに心の整理がつき、「透析生活のなかにあっても自分の人生を充実させたい」、「なにか価値ある生き方をしたい」という生きる意欲がわいてきました。それから、「生きがい探し」です。いろいろと考えた末に、ライフワークとし

庭先で育てる鉢植え樹

ているブルーベリーの栽培普及活動を継続することにしました。具体的には、病気の身体に無理のない方法で、楽しみながらブルーベリーを育て、生育を観察し、花や紅葉を愛で、果実を味わい、果実の健康効果を享受することを通して精いっぱい生き切り、願わくはブルーベリーの栽培普及に貢献したい、ということでした。

もう一つ、執筆の動機がありました。今日の日本が超高齢化社会であることです。多くの後期高齢者の願いは、「いかにして健康寿命と平均余命を延ばし、自立しながら自己を成長させ、完成させるか」、ということではないでしょうか。その第一歩は、高齢者の一人一人が、「生きがいとなる好きなことや楽しみをもつこと」から始まると考えます。そこで僭越ながら、高齢者や身体に障害のある方々の「生きがい、楽しみ探し」のお手伝いができれば、という思いもありました。

＊

本書の出版にさいしては、多くの方々にご支援いただきました。

著者の「生きがい探し」は、慢性腎臓病と診断されて以降、6年間にわたって治療していただいた千葉県循環器病センターの平井愛山・今村繁樹の両先生から、患者の姿勢として「生きがいとなる目標をもった人は強い」との助言を受けたことに始まります。また、管理栄養士の安井圭子さんから受けた栄養指導も本書のまとめにつながりました。さらに、2018年から透析治療を受けている医療法人社団明生会（理事長・田畑陽一郎）の東葉クリニック東新宿の院長・吉田正美先生ほか諸先生、医療スタッフのみなさんには、週に3日（月・水・金、1回4時間）の透析治療に加えて、定期的な採血、心電図、レントゲン、腹部や心臓エコー検査などの適切な処置をいただいていま

成熟果（サザンハイブッシュ）

著者による
現地での剪定指導

す。また、透析時間中にかけていただく温かい言葉が、どれだけ「生きる意欲」の支えになっていることでしょう。

慢性腎臓病と診断されて以降現在まで、心配された余病を併発することなく過ごせて、念願としていたブルーベリーの栽培普及の活動を継続することができています。ここに記して感謝申し上げます。

また、出版にあたって石坂俊晴、伊藤由美子、大関ナーセリー、ブルーベリーフィールズ紀伊國屋、真行寺ブルーベリー園、西尾保雄、ブルーベリーのこみち、ブルーベリー畑Ｈａｎａ、ベリーコテージ、ブルーベリーの郷、三浦（加藤）美恵、水谷直美のみなさんにもご協力をいただきました。記して深甚なる謝意を表すしだいです。

なお、本書には、かねてからブルーベリー栽培の研究・普及面を主にご厚誼いただいている福田俊さん撮影の珠玉の写真の数々を収録させていただきました。福田さんのご厚意、ご協力がなければ、本書は成り立たなかったといっても過言ではありません。さらに出版元の創森社の相場博也さんを始めとする編集関係の方々の多大なるご教示、ご支援によってようやく出版することができました。最後になりましたが、併せて記して深く感謝申し上げます。誠にありがとうございました。

２０２０年ブルーベリーの栽培普及に
携わって53年目の初夏に　玉田 孝人

可憐な花を愛でて楽しむ

摘み取ったばかりの完熟果

●

デザイン――塩原陽子　ビレッジ・ハウス
イラスト――宍田利孝
撮影――福田 俊　玉田孝人　三戸森弘康
三宅 岳　熊谷 正　ほか
校正――吉田 仁

●**玉田孝人**（たまだ たかと）

ブルーベリー栽培研究グループ代表、果樹園芸研究家。

1940年、岩手県生まれ。東京農工大学大学院農学研究科修士課程修了。1970年から千葉県農業短期大学校で、1979年からは千葉県農業大学校で果樹園芸を担当し、農業後継者、農村指導者の養成に従事して2000人以上の卒業生を送り出す。2000年、研究科主幹で定年退職後、日本ブルーベリー協会副会長などを務める。およそ53年余りにわたりブルーベリーの研究・栽培普及に携わり、成果を内外の諸学会で発表。自宅でもブルーベリー20鉢余りを実証的に栽培している。全国の主要産地を訪問するとともに海外視察・研修（学会発表を含む）も40回以上に及ぶ。千葉県東金市在住。

著書に『ブルーベリー百科Q&A』『ブルーベリー全書～品種・栽培・利用加工～』（ともに日本ブルーベリー協会編、共同執筆、創森社）、『そだててあそぼう31 ブルーベリーの絵本』（編著、農文協）、『基礎からわかるブルーベリー栽培』（誠文堂新光社）、『ブルーベリー生産の基礎』（養賢堂）、『育てて楽しむブルーベリー 12か月』『ブルーベリーの観察と育て方』『図解 よくわかるブルーベリー栽培』（ともに共著、創森社）、『ブルーベリー栽培事典』（創森社）ほか

鉢《はち》で育《そだ》てるブルーベリー　～植《う》えつけから摘《つ》み取《と》りまで～

2020年 6月 8日　第1刷発行

著　　者――玉《たま》田《だ》孝《たか》人《と》

発 行 者――相場博也

発 行 所――株式会社 創森社

〒162-0805 東京都新宿区矢来町96-4

TEL 03-5228-2270　FAX 03-5228-2410

http://www.soshinsha-pub.com

振替00160-7-770406

組　　版――有限会社 天龍社

印刷製本――中央精版印刷株式会社

ISBN978-4-88340-341-7 C0061

〝食・農・環境・社会一般〟の本

創森社　〒162-0805 東京都新宿区矢来町96-4
TEL 03-5228-2270　FAX 03-5228-2410
http://www.soshinsha-pub.com
＊表示の本体価格に消費税が加わります